Apresentação

Esta obra foi idealizada para coaches e não coaches, é um guia para todas as pessoas que desejam se aperfeiçoar continuamente e alcançar resultados satisfatórios em todos os âmbitos da vida, seja ela, pessoal, profissional, de relacionamentos ou simplesmente de qualidade de vida.

Tive essa ideia quando voltei de uma conferência nos EUA sobre coaching e fui convidado por uma emissora e televisão para realizar um programa voltado ao mundo dos negócios que tratasse do comportamento executivo dos profissionais no âmbito corporativo. No entanto, declinei da proposta porque voltei com uma concepção que vai muito além do ambiente organizacional, mas que, no fim, culmina nele.

Antes de qualquer ser humano se tornar um profissional, um executivo, um empresário, um empreendedor ou mesmo um profissional liberal, ele é uma pessoa, então, é impossível focar só em uma área, pois vai descompensar nas demais, o que, certamente, vai impactar negativamente nos seus resultados podendo agravar a sua situação.

Portanto, o importante é buscar o equilíbrio na vida como um todo, o que, espero, somar com esta obra composta por várias ideias de diferentes autores e pontos de vista diferentes em áreas distintas, todas no sentido de contribuir para uma vida plena, abundante e cada vez mais feliz!

Aproveite ao máximo a leitura, divirta-se e vamos, sempre, adiante. *Walk on*!

Nelson Vieira - coordenador editorial

Presidente e *Master Coach Trainer* da Cia. Brasileira de Coaching. *Certified Advanced Master Coach* Sênior pela Graduate School of Master Coaches (EUA/UK/Austrália). www.cibracoaching.com.br

Presidente:
Mauricio Sita

Capa:
Cândido Ferreira Jr.

Diagramação:
David Guimarães

Revisão:
Débora Tamayose

Gerente de Projetos:
Gleide Santos

Diretora de Operações:
Alessandra Ksenhuck

Diretora Executiva:
Julyana Rosa

Relacionamento com o cliente:
Claudia Pires

Impressão:
Rotermund

Dados Internacionais de Catalogação na Publicação (CIP)
(Câmara Brasileira do Livro, SP, Brasil)

Coaching para a vida / coordenação editorial Nelson
Vieira. -- São Paulo : Literare Books International,
2017.

ISBN: 978-85-9455-024-8

1. Autoajuda 2. Autoestima 3. Coaching 4. Conduta
de vida 5. Desenvolvimento pessoal 6. Planejamento
I. Vieira, Nelson.

17-02477   CDD-158.1

Índices para catálogo sistemático:

1. Coaching : Conduta de vida : Psicologia aplicada
   158.1

Literare Books
Rua Antônio Augusto Covello, 472 – Vila Mariana – São Paulo, SP.
CEP 01550-060
Fone/fax: (0**11) 2659-0968
site: www.literarebooks.com.br
e-mail: contato@literarebooks.com.br

Sumário

1 — Psicologia positiva e life coaching: um diálogo positivo
Alessandra Girotto — p. 5

2 — Autoconhecimento: o primeiro passo para uma vida com propósito
Cristiany Rainho Mendonça — p. 19

3 — Coaching para a vida do líder
Dionízio Costta Jr. — p. 35

4 — Experiências transformadoras através do coaching de vida
Elisa Próspero — p. 49

5 — Propósito: o início de um futuro brilhante
Juliana Muniz — p. 65

6 — Coaching para a superação
Mariana Torres — p. 75

7 — Coaching: ferramenta de mudança para toda uma vida
Rui José Gonçalves Tavares — p. 89

8 — Coaching para a vida
Sibeli Cardoso Borba Machado — p. 97

9 — Sucesso 8.0
Vinicius G. Caldini — p. 109

10 — Coaching: curando nossa ancestralidade, curando nossos EUS Internos
Wilma A. Nubiato Santesso — p. 123

1

Psicologia positiva e life coaching: um diálogo positivo

Com a expansão cada vez maior do coaching (tanto em número de profissionais quanto em nichos de mercado e instituições para formação), torna-se cada vez mais necessário seu embasamento científico. Nesse sentido, a psicologia positiva só tem a agregar

Alessandra Girotto

Alessandra Girotto

Cientista Social formada pela Universidade Estadual de Campinas (Unicamp) com pós-graduação em Administração pela Fundação Getulio Vargas (FGV) e em Psicanálise Clínica (crianças e adultos) pela WCCA. Formação em coach pela Sociedade Brasileira de Coaching (SBC) e em Psicologia Positiva pela Universidade da Carolina do Norte, por meio da plataforma COURSERA. Participante de grupos de estudo para aprofundamento sempre em busca de novas informações.

Contatos
www.alessandragirotto.com
coachpositivoedevida@gmail.com
(19) 99264-7149

Introdução

Falar sobre life coaching é falar sobre a vida, em como torná-la melhor, mais produtiva e significativa. Mais ainda, é sobre tomar a vida nas próprias mãos e perceber-se responsável pelas próprias decisões. Está tudo ligado. Se não faço escolhas, não vivo minha vida, e sim a do outro, que escolhe por mim. Se vivo a vida do outro, não terei minhas necessidades satisfeitas nem terei uma vida plena de sentido, de realização, de significado. Não será possível ser feliz. Minhas chances de ter depressão, por exemplo, aumentam drasticamente. Este livro então não é pequeno, nem simples. Ele é importantíssimo, e seus efeitos profundos. Basta que você se permita.

O life coach atua principalmente nas necessidades e nas metas pessoais trazidas pelo coachee (cliente). Nesse campo, pode-se trabalhar objetivos e metas que envolvem quase todas as esferas da vida de uma pessoa, o que promove uma ampla variedade de campos e formas de atuação. No processo de life coaching, a vida do cliente é vista em todas as suas dimensões – aspectos pessoais, profissionais, de carreira, de saúde e de relacionamentos. A função principal do coach é ajudar as pessoas, individualmente ou em grupo, a alcançar aquilo que desejam para a vida, para que obtenham uma vida realizada e plena de significado.

A metodologia escolhida para este livro é baseada na Psicologia Positiva. Por meio desses estudos, o life coaching adquire uma sólida base científica, necessária para fundamentar o método. Esse movimento é importante em razão da amplitude do campo, do elevado número de profissionais e da baixa regulação do mercado. Por isso, não vejo como é possível separar a atuação do coaching da base científica da psicologia positiva. Conforme comentado por Linley et al. (2009), sabemos que ambos: a) estão preocupados com o aumento do bem-estar de quem o procura; b) desafiam os profissionais que usam a metodologia a questionar as premissas da teoria sobre a natureza humana; c) tem como um dos principais focos as forças pessoais, o desenvolvimento das habilidades e das capacidades inerentes de cada ser humano, acreditando que todos possuem um potencial a ser desenvolvido. Vale também ressaltar que, havendo muita cobrança quanto a uma base científica para o coaching, a boa fundamentação da psicologia positiva pode oferecer todo o suporte necessário.

I. O que é coaching

Podemos afirmar que o processo de coaching como conhecemos hoje teve seu início por volta de 1974, com a popularização do modelo do Jogo Interior, apresentado por Sir W. Timothy Gallwey no livro *O jogo interior de tênis*.

Para o autor (2013), o bom andamento do processo de coaching requer um ingrediente essencial (que não pode ensinado): é preciso focar essencialmente no cliente. A ideia fundamental por trás da teoria é de que o desempenho de uma pessoa é igual ao potencial que ela possui, menos as interferências (internas). Com isso, há duas maneiras de atingir a meta de melhorar o desempenho: aumentar o potencial das pessoas com quem trabalha ou diminuir o medo, a confusão e as dúvidas, o tédio. Isso se dá por meio de questionamentos que levam à reflexão do coachee, possibilitando o aumento do autoconhecimento e a modificação de várias formas de ver e atuar no mundo, o que diminui as dúvidas a respeito da própria capacidade, entre outros.

De lá para cá, o coaching sofreu várias alterações, tendo sido criadas várias escolas e modelos de trabalho, porém há alguns pontos que podemos considerar como sua "essência", a qual é comum a todas as escolas e modelos: a) o processo se dá do presente para o futuro; b) a existência de um problema ou um propósito para dar origem e impulso ao processo; c) as sessões são conduzidas de modo que o cliente saia com alguma atividade e/ou meta para ser executada até a próxima sessão; d) a crença no potencial e na capacidade inata de aprender (soma-se a isso a ideia de que todos possuem talentos e virtudes); e) a mudança é necessária e é uma constante; f) somos os responsáveis pelas escolhas que fazemos.

Considerando isso, podemos afirmar que o objetivo do coaching é facilitar ações que levem a uma aprendizagem, proporcionando consciência e efetivação das próprias escolhas, sustentando as mudanças realizadas durante o processo.

Para tanto, vale ressaltar que se trata de um passo necessário à aceitação da própria vulnerabilidade, mudando o paradigma em torno dessa palavra. Durante uma palestra realizada para o Ted Talks – TedXHouston, a assistente social e pesquisadora Brené Brown (2010) trouxe à tona a questão da vulnerabilidade de maneira comovente e íntegra. Ela nos convoca a enxergar e encarar nosso medo de ficarmos vulneráveis, a perceber quanta energia dispensamos, seja na fuga em si, seja ao nos escondermos de perceber e sentir nossas fraquezas, e quanto isso nos separa dos outros (em vez de nos conectar).

Para que o crescimento e o desenvolvimento pessoal ocorram, precisamos olhar, com verdade e sem máscaras, para nossas fraquezas. Não com o intuito de nos transformarmos em "super-homens", perfeitos e sempre prontos para o próximo ato, mas para nos aceitarmos em nossa própria humanidade e, assim, conseguirmos levar uma vida mais leve, verdadeira e conectada. Apenas quando nos abrimos para nossas fraquezas, aceitando nossos medos, nossa vergonha, nossa inaptidão em algum campo, é que nos expomos para a vida, dispondo-nos, a partir daí, a viver com plenitude e atenção. Reconhecer que possuímos fraquezas não é sinônimo de tolice, ou mesmo de ingenuidade. Ao contrário, é preciso muita coragem para se perceber vulnerável, e apenas quem se permite perceber a própria vulnerabilidade é capaz de realmente compreender o sentido de compaixão e empatia – sentimentos que nos conectam e são essenciais para uma vida significativa na sociedade.

II. O que é psicologia positiva

Psicologia positiva é um ramo relativamente novo da psicologia que busca uma nova compreensão quanto à natureza da felicidade e do bem-estar por meio de metodologias científicas. Sua meta é promover a educação emocional e o autodesenvolvimento, levando ao aumento da satisfação e do contentamento com relação à vida, pelo estudo das condições e por processos que contribuem para o florescimento tanto das pessoas quanto de grupos e instituições. Nos processos de coaching atrelados à psicologia positiva, o foco é o desenvolvimento das forças do cliente, como otimismo, gratidão e criatividade.

A psicologia positiva está em plena expansão. Martin E. P. Seligman, criador do nome psicologia positiva, é considerado um de seus principais fundadores. Seus estudos na área começaram em 1998, quando era presidente da Associação Americana de Psicologia. Segundo ele, antes da Segunda Guerra Mundial, a psicologia norte-americana tinha três objetivos claros:

1. Curar doenças mentais;
2. Tornar a vida das pessoas mais produtiva e cheia de satisfação;
3. Identificar e desenvolver talentos.

Após o conflito, aconteceram dois fatos que fizeram a psicologia mudar seu rumo:

1. A criação da Veterans Administration, em 1946, que levou muitos psicólogos a se dedicarem ao tratamento de doenças mentais;
2. A criação do National Institute of Mental Health, com o objetivo de angariar recursos para pesquisas em doenças mentais, em 1947. (SELIGMAN, 1998; CSIKSZENTMIHALYI & SELIGMAN, 2000).

Apesar do inegável avanço quanto à questão que envolve os transtornos mentais, os demais focos da psicologia caíram no esquecimento. Podemos dizer com isso que a psicologia positiva visa diminuir o foco na preocupação em curar e tratar os problemas e os transtornos mentais e aumentar o foco destinado à construção de qualidades positivas. (CSIKSZENTMIHALY & SELIGMAN, 2000). Seligman (1998), em seu artigo *Building Humans Strengths: Psychology's Forgotten Mission*, diz que algumas qualidades, como coragem, otimismo, esperança, ética, perseverança, entre outras, serviriam como um escudo contra doenças mentais (SELIGMAN, 1998). Sendo assim, podemos entender que a psicologia positiva é um ramo da psicologia que busca estudar, científica e empiricamente, o que torna a vida das pessoas plena, feliz, com significado e realização.

A seguir, abordarei um pouco dos principais teóricos.

Martin Seligman

Martin E. P. Seligman é psicólogo e professor da Universidade da Pensilvânia, nos Estados Unidos. Foi eleito presidente da Associação Americana de Psicologia em 1998, quando iniciou os estudos do que chamou de psicologia positiva. É considerado autoridade mundial quanto ao controle das emoções, como depressão, otimismo e pessimismo.

Em seu livro *Florescer – Uma nova compreensão sobre a natureza da felicidade e do bem-estar* (2011), Seligman revisa toda a teoria que embasava seu trabalho até então, a qual havia exposto anteriormente no livro *Felicidade autêntica*, por exemplo. Para ele, atualmente: "O tema da psicologia positiva é o bem-estar, que o principal critério para a mensuração do bem-estar é o florescimento, e que o objetivo da psicologia positiva é aumentar esse florescimento" (SELIGMAN, 2011).

Seligman aborda o conceito de bem-estar como um "constructo". Segundo ele, apenas dessa forma ele pode ser considerado mensurável e atingível. Sendo assim, o bem-estar deve ser formado por elementos mensuráveis, ou seja, devem ser coisas reais que contribuam para proporcionar bem-estar, mas nenhum deles definindo-o (isoladamente). Um ponto importante da teoria é que, para ser considerado um elemento, cada um dos cinco que a compõe deve ser algo que as pessoas escolham livremente, isto é, escolham pela "coisa em si mesma", e não pelo que as acompanha. Os cinco elementos definidos pelo Seligman na teoria do bem-estar são: a) emoção positiva (felicidade e satisfação com a vida, por exemplo); b) engajamento; c) relacionamentos positivos; d) sentido; e) realização/vida realizadora. Neste momento não me deterei na descrição nem na explicação dos elementos e dos demais pontos da teoria – isso vale um capítulo à parte. Mas acredito que a teoria vale o aprofundamento e o conhecimento que ela requer.

Vale informar que o que sustenta o bem-estar, isto é, os cinco elementos presentes no constructo que o forma, são as forças e as virtudes pessoais — bondade, inteligência social, humor, coragem, integridade, etc. (existem 24 delas). O emprego de nossas maiores e melhores forças leva a mais emoção positiva, mais sentido, mais realização e melhores relacionamentos (SELIGMAN, 2011).

Barbara Fredrickson

Barbara Fredrickson é professora de Psicologia e pesquisadora na Universidade da Carolina do Norte, nos Estados Unidos. Em 2000, apresentou a *Broaden-and-Build Theory* (teoria do Ampliar e Construir), que fala sobre o motivo evolutivo das emoções positivas. Segundo ela, emoções negativas foram/são necessárias em razão de sua função evolutiva de proporcionar rápida resposta ao perigo, por exemplo, congelar, lutar ou fugir. As emoções negativas levam a um estreitamento da atenção e a um comportamento retraído. São as típicas emoções que parecem "gritar" para você, chamam a atenção da sua mente, exigindo uma resposta imediata para a solução do problema com o qual você se deparou.

Já as emoções positivas são aquelas que expandem a consciência, a percepção e a perspectiva, levando a um comportamento expansivo, ao aumento da criatividade e ao aumento da percepção de uma gama de ações. Esse comportamento adquirido ajuda a construir recursos cerebrais e sociais que aumentam a sociabilidade, a tolerância e a saúde física.

Apesar de todos os seus aspectos benéficos e da frequência com que as emoções positivas ocorrem no dia a dia, temos a tendência de não nos lembrar delas – e sim, das negativas, que acontecem numa quantidade menor durante o dia. Segundo Fredrickson, isso ocorre pela maneira como nosso cérebro é constituído. Como as emoções negativas sinalizam problemas que podem significar risco de morte, naturalmente causam um impacto imediato maior no nosso organismo. Porém, em seus estudos, a pesquisadora comprovou que emoções positivas podem ser estimuladas por meio da meditação, de um posicionamento aberto diante da vida, de exercícios de gratidão e de perdão e também da "partilha", isto é, uma emoção positiva compartilhada com outras pessoas dura muito mais e tem impacto bem maior.

Levando em consideração a neuroplasticidade cerebral (isto é, a capacidade de remapeamento das conexões das células nervosas) e a neurogênese (está provado que nosso corpo cria, em média, 10 mil novas células/dia, que são direcionadas para onde forem necessárias – o que contribui para a construção de novos conhecimentos e habilidades), Fredrickson afirma ser possível, por meio de estimulação, aumentarmos as emoções positivas. Sendo assim, podemos resumir sua teoria da seguinte maneira: a) A positividade é boa (é ela que nos desperta a motivação para mudar); b) Emoções positivas mudam a forma como a mente trabalha não apenas quanto ao teor dos pensamentos, mas também quanto a seus limites de percepção e compreensão, gerando expansão; c) A positividade fornece um firme suporte para o futuro, pois funciona como "reserva para necessidades futuras"; d) Emoções positivas servem de freio para a negatividade; e) A positividade nos ajuda a encontrar um ponto de equilíbrio, isto é, após cada momento bom, a sensação que se tem é de "para cima e para fora", de expansão e conexão, e não para baixo e para dentro; f) Finalmente, é possível aumentar a positividade média, liberando seu potencial para uma vida mais significativa (FREDRICKSON, 2009).

É importante salientar que é impossível sentir emoções positivas em tempo integral. Considerando isso, Fredrickson (2009) apresentou o *Positivity Ratio*, ou Quociente de positividade de 3 para 1. Isso significa que, para nos considerarmos num bom nível de equilíbrio, para cada emoção negativa, devemos vivenciar pelo menos três emoções positivas sinceras. Esse pode ser o diferencial entre "murchar" ou "florescer" (FREDRICKSON, 2009). Claro que é possível e devemos buscar ter um quociente maior, pois ele nos traria qualidade de vida melhor, com mais bem-estar e conexões significativas.

Ainda é preciso dizer que Fredrickson acredita que temos dez emoções positivas que se destacam em importância: alegria, gratidão, esperança, serenidade, orgulho, diversão, inspiração, amor, interesse e admiração/surpresa (FREDRICKSON, 2009). Numa de suas pesquisas, o foco é o amor, que ela define como "microexperimentos de conexão entre as pessoas", independentemente de ser alguém íntimo, conhecido ou mesmo um estranho. A pesquisadora demonstrou que nossa capacidade de experimentar o amor pode ser medida e reforçada, proporcionando melhora da saúde, resiliência e bem-estar. Para ela, o amor é a chave para nossa saúde, prolongando nossa vida, além de aprofundar nossas experiências (FREDRICKSON, 2013).

Fred Luthans

Fred Luthans é psicólogo e pesquisador da Universidade de Nebraska, nos Estados Unidos, e propôs uma nova forma de olhar para o capital de uma empresa, indo além do capital econômico tradicional (o que você tem dentro da empresa), do capital humano (o que você sabe) e do capital social (quem você conhece). Esse novo conceito foi chamado de Capital Psicológico Positivo (SNYDER & LOPEZ, 2009), que são os recursos resultantes de quatro variáveis já existentes na psicologia positiva:

1. Autoeficácia, de Albert Bandura (1997, apud SNYDER & LOPEZ, 2009), psicólogo da Universidade de Stanford, e James E. Maddux, da George Mason University, ambas instituições dos Estados Unidos. Para os pesquisadores, a autoeficácia refere-se à crença na própria capacidade para mobilizar os recursos pessoais e cognitivos visando obter os resultados desejados. É a crença na própria habilidade de lidar com determinada situação.

Demonstraram que o que tem de ser feito importa menos do que a crença na sua capacidade de fazer o que é requerido. Segundo os pesquisadores, a autoeficácia é desenvolvida nas seguintes condições: a) nos casos de sucesso anterior em situações semelhantes; b) ao seguir o modelo de outros que passaram pelas mesmas situações; c) ao imaginar a si mesmo agindo de maneira eficaz; d) ao ser orientado por alguém que admira; e) se já tiver passado por experiências anteriores de emoções positivas, que aumentam a sensação de autoeficácia.

2. Esperança, de Snyder, psicólogo da Universidade do Kansas, nos Estados Unidos. Ele define esperança como "ter os caminhos (decorrentes de lições aprendidas de correlação e causalidade) e a agência (decorrente de lições quanto à própria responsabilidade, capacidade de ver a si mesmo como autor das cadeias de eventos) para chegar aos próprios objetivos" (SNYDER & LOPEZ, 2009 – parênteses meus). Para ele, há duas formas de atuação para chegar aos objetivos desejados, que são o pensamento baseado em caminhos e o pensamento baseado em agência. O pensamento baseado em caminhos consiste na "capacidade de encontrar rotas que levam aos objetivos desejados"; ao passo que o pensamento baseado em agência são as "motivações necessárias para usar essas rotas" (SNYDER, 1991, apud SNYDER & LOPEZ, 2009).

Snyder diz que elevados níveis de esperança são consequências de configurações emocionais positivas somadas à sensação de prazer em virtude de um histórico de sucesso.

3. Otimismo é um conceito que apresenta duas definições: a de Seligman e a de Michael Scheier, professor de Psicologia na Universidade de Carnegie Mellon, e Charles Carver, psicólogo e professor da Universidade de Miami, ambas instituições dos Estados Unidos.

Seligman é considerado especialista em otimismo aprendido, que é o

> "uso característico de um estilo explicativo no qual se aprenderam atribuições externas (fora do eu), variáveis (não constantes) e específicas (limitadas a uma determinada situação) para os próprios fracassos. Em comparação, os pessimista aprenderam a ver os fracassos como consequências de atribuições internas (características da própria pessoa), estáveis (constantes) e globais (não limitadas a uma dada situação)" (SNYDER & LOPEZ, 2009).

Seligman diz que para o otimista os problemas são considerados passageiros, controláveis e específicos daquela situação. Em contrapartida, para o pessimista os problemas são considerados permanentes e incontroláveis e afetarão todas as esferas da vida. Para ele, pessoas com o estilo explanatório otimista criam uma barreira que as prepara para o enfrentamento de revezes durante a vida, aumentando tanto a resiliência quanto a satisfação com a vida.

No caso de Scheier e Carver, o otimismo é visto como a "expectativa de que coisas boas, e não ruins, vão acontecer. É um traço estável em algumas pessoas e é independente da autoeficácia" (Scheier e Carver, 1985, apud SNYDER & LOPEZ, 2009). Isto é, se a meta for importante o suficiente, haverá expectativa para atingi-la. Eles acreditam que o otimismo possa vir de experiências infantis que estimularam confiança e vínculos seguros.

4. Resiliência, de Ann S. Masten, professora de Psicologia na Universidade de Minnesota, nos Estados Unidos. Trata-se da capacidade de se recuperar ou de se adaptar positivamente diante da adversidade ou de riscos significativos. Segundo ela, "pessoas resilientes apresentam padrões de adaptação positiva no contexto de adversidade ou risco impor-

tante" (Masten e Reed, 2002, apud SNYDER & LOPEZ, 2009).

Durante seus estudos, Masten conseguiu determinar alguns fatores de proteção para o desenvolvimento da resiliência psicológica em crianças e jovens, a saber: boa capacidade cognitiva/habilidade de atenção; personalidade adaptável e mais extrovertida (fácil contato com outras pessoas); autopercepção positiva; fé/ideia de sentido na vida; relações próximas com adultos que oferecem suporte (poder pedir ajuda e ter a quem recorrer); estabelecimento de objetivos e planejamentos (estando mais preparadas, portanto, em caso de adversidade).

III. Conclusão

Segundo Csikszentmihalyi (1997), o primeiro passo para aumentar a qualidade de vida é prestar atenção no que fazemos no dia a dia, perceber como nos sentimos durante as diferentes atividades, lugares e horários do dia. Ele nos lembra de que não há nenhuma regra que diga como devemos experimentar a vida, ou mesmo de que todos devem experimentar a vida da mesma maneira. É preciso verificar o que funciona melhor com cada um de nós.

Todo e qualquer comportamento humano tem um propósito, uma meta. Sempre estamos tentando atingir alguma coisa, mesmo que ainda não tenhamos parado para pensar a respeito a ponto de torná-la consciente. Considerando isso, para promover mais bem-estar em nossa vida, precisamos ter consciência da nossa autorresponsabilidade, de que nossas escolhas cabem a nós. Dessa forma, delegar nossas escolhas para outras pessoas seria o mesmo que terceirizar nossa felicidade e nosso propósito de vida, o que não levará a lugar nenhum.

Espero ter conseguido demonstrar suficientemente a importância da atuação conjunta do coaching com a psicologia positiva; as semelhanças e a complementariedade de cada um, assim como a necessidade de um aprofundamento no assunto. A literatura sobre ambos é vasta, apesar de serem assuntos contemporâneos, objetos de pesquisa científica e campo de trabalho recente. Há vários outros autores e pesquisadores, em ambos os campos de atuação, que não foram citados, mas também merecem ser estudados em profundidade. Cada um dos campos da psicologia positiva possui uma ferramenta, uma técnica, uma avaliação ou algum outro tipo de recurso de conhecimento que pode (e deve) ser aproveitado nas sessões de coaching. Ressaltando que o coaching e a psicologia positiva objetivam a mesma coisa: melhorar a vida das pessoas, principalmente por meio do desenvolvimento das forças, das capacidades e das potencialidades pessoais, buscando com isso que os coachees possuam uma vida mais plena, significativa e realizada, com muito bem-estar.

Referências

BROWN, Brene. *The Power of Vulnerability*. Inc. 2010. Disponível em: <www.ted.com/talks/brene_brown_on_vulnerability?language=en>. Acesso em: 13 mar. 2016.

CORRÊA, Andréa Perez. *Coaching e psicologia positiva reciprocamente contributivos e intencionalmente catalisadores da melhoria do bem-estar*. Trabalho de Pós-Graduação, AVM Faculdade Integrada, Rio de Janeiro, RJ, Brasil, 2013.

CSIKSZENTMIHALYI, Mihaly. *Finding Flow – The Psychology of Engagement with Everyday Life*. New York: Basic Books, 1997.

CSIKSZENTMIHALY, Mihaly; SELIGMAN, Martin. E. P. *Positive Psychology – An Introduction*. In: American Psychologist – Special Issue on Happiness, Excellence, and Optimal Human Functioning. Washington, DC. American Psychological Association, 2000.

FREDRICKSON, Barbara. *LOVE.2.0 – How Our Supreme Emotion Affects Everything We Feel, Think, Do and Become*. New York: Penguin Group, 2013.

_____. *Positividade: descubra a força das emoções positivas, supere a negatividade e viva plenamente*. Rio de Janeiro: Rocco, 2009.

GALLWEY, W. Timothy. *O jogo interior de tênis*. São Paulo: Textonovo, 1996.

LINLEY, P. Alex; JOSEPH, Stephen; MALBTBY, John; ARRIGNGTON, Susan; WOOD, Alex M. *Positive Psychology Applications*. In: LOPEZ, Shane J.; SNYDER, C.R. The Oxford Handbook of Positive Psychology. New York: Oxford University Press Inc., 2009.

SELIGMAN, Martin E. P. *Felicidade autêntica: usando a psicologia positiva para a realização permanente*. Rio de Janeiro: Objetiva, 2009.

_____. *Florescer: uma nova compreensão sobre a natureza da felicidade e do bem-estar*. Rio de Janeiro: Objetiva, 2011.

_____. *Building Human Strength: Psychology's Forgotten Mission – in APA Monitor*, American Psychological Association, 1998.

SNYDER, C.R.; LOPEZ, Shane J. *Psicologia positiva: uma abordagem científica e prática das qualidades humanas*. Porto Alegre: Artmed, 2009.

2

Autoconhecimento: o primeiro passo para uma vida com propósito

Sua vida não é tão próspera como você gostaria que fosse? Você não está tão feliz como gostaria de estar? Onde está buscando felicidade? Acredite! A felicidade que tanto almeja não está fora de você. Ela vive em algum lugar aí dentro. Olhe para dentro de si mesmo e descubra: o que faz você feliz?

Cristiany Rainho Mendonça

Cristiany Rainho Mendonça

Master coach treinada pessoalmente por José Roberto Marques, presidente do Instituto Brasileiro de Coaching (IBC), uma das instituições mais respeitadas no Brasil. Certificada por renomadas instituições internacionais: Behavioral Coaching Institute, Global Coaching Community (GCC), European Coaching Association (ECA), Metaforum Internacional e International Association of Coaching (IAC). Psicóloga graduada pelo Mackenzie e pós-graduada em Gestão Financeira e Recursos Humanos. Especialista em Linguagem Ericksoniana, com mais de 16 anos de experiência em empresas globais, focada em Atração e Desenvolvimento de Talentos, Programas de Integração, Inclusão Social e Carreira.

Contatos
cristianyrainho@yahoo.com.br
Facebook: Coaching e Psicologia Positiva - Cristiany Rainho
(11) 98319-0695

Metáfora: A divindade do homem

Houve um tempo em que todos os homens eram deuses. Mas eles abusaram tanto do seu poder e da sua divindade que o Mestre dos Deuses tomou uma decisão. Retiraria o poder divino do homem. Resolveu então escondê-lo em um lugar secreto, onde seria impossível reencontrá-lo. O grande dilema era encontrar um esconderijo. O Mestre, depois de muito pensar, convocou um conselho com deuses menores, para juntos resolverem a situação.

— Podemos enterrar a divindade do homem – foi a primeira ideia de um dos deuses.

— Não, isso não bastaria – disse o Mestre –, pois o homem vai cavar até encontrá-la.

Então o outro retrucou:

— Joguemos a divindade do homem no fundo dos oceanos.

Mas o Mestre também não aceitou a proposta, pois achou que o homem, um dia, viria a explorar as profundezas dos mares e a recuperaria.

A próxima ideia foi escondê-la no topo da mais alta montanha. Mas um dia o homem poderia escalá-la e encontraria a divindade perdida.

— Não sabemos onde escondê-la, pois não existe lugar na terra, no céu ou no mar onde o homem não possa um dia alcançar.

O Mestre então concluiu:

— Eis o que faremos: vamos escondê-la nas profundezas dele mesmo, pois será o único lugar onde ele jamais pensará em procurá-la.

Desde esse tempo, o homem deu a volta na Terra. Explorou, escalou, mergulhou e cavou em busca de algo divino que se encontra dentro dele mesmo.

Essa metáfora traz a reflexão do poder do autoconhecimento. Mas como encontrá-lo? O coaching pode ser um caminho rápido para essa compreensão. Por meio de técnicas e ferramentas, o coach apoia seu cliente em reflexões profundas, provocando autoconhecimento.

Abordaremos neste capítulo alguns tópicos que podem ser trabalhados em um processo de Life Coaching com foco em autoconhecimento.

Você já se perguntou:

- Quem sou eu?
- Como interpreto minha história de vida?
- Tenho mágoas e culpas do passado?
- Quais são minhas crenças?
- Quais são meus valores?
- Qual é minha missão de vida?
- Qual é o legado que quero deixar para este mundo?

Essas perguntas são profundas e difíceis de responder, não é mesmo?

Somos a interpretação de todas as nossas vivências desde nosso nascimento até o momento presente. Ou seja, somos o resumo de como enxergamos nossas experiências até o momento atual.

Segundo José Roberto Marques, fundador e presidente do Instituto Brasileiro de Coaching (IBC), "honrar e respeitar a própria história é o maior poder do ser humano". Entender nossa história de vida é exercício indispensável para o autoconhecimento. A forma como encaramos os fatos que aconteceram nos transformaram na pessoa que somos hoje.

Somos o fruto desse entendimento. Assim, aprendizados bons e ruins constroem nossa identidade, nossos valores e nossas crenças.

Honrar e respeitar o passado é o segredo para a transcendência e a superação. Todos vivenciamos experiências felizes de que nos orgulhamos. Porém, inevitavelmente, há fatos que gostaríamos que tivessem sido diferentes.

O passado é imutável. No entanto, podemos transformar as circunstâncias por meio de novas perspectivas. Em vez de focar no que nos causa dor, podemos buscar qual a intenção positiva dos episódios. Qual foi o aprendizado ao passar por isso? Qual foi a finalidade dessa vivência?

Quando relembrar algum equívoco que cometeu no passado, proponho a você que substitua o sentimento de culpa por curiosidade em entender a intenção positiva de falhar e investigue os ganhos que essa situação lhe trouxe. Você descobrirá os benefícios que conquistou ao errar. Questione-se: o que poderia ter feito diferente para atingir o mesmo objetivo sem sofrer. Tudo depende da forma como interpretamos os acontecimentos.

Foque na aprendizagem para transformar seu passado. Relembre suas conquistas, sua trajetória de vida, orgulhe-se e honre sua história, pois ela fez você chegar até aqui.

Olhar os acontecimentos da vida de uma nova perspectiva nos permite elaborar a dor, por meio do perdão.

O perdão é uma maneira saudável para curar a dor interior, pois liberta mágoas e ressentimentos. Segundo José Roberto Marques,

> Perdão é um processo mental, físico e espiritual de deixar de sentir, ou melhor, de deixar de ressentir emoções negativas como raiva, medo, pesar e culpa. É também um ato de libertação de sentimentos dolorosos que nos fazem reviver o sofrimento, a cada vez que relembramos nossos erros, de certas pessoas e dos momentos que nos causaram mágoas, frustrações e decepções profundas.

Mas por que é tão difícil perdoar?

Muitas pessoas confundem o ato de perdoar com concordar ou ser conivente com um erro. Perdoar também pode ser confundido com "esquecer uma situação".

Entretanto, perdoar não significa aceitar a situação ou o erro de uma pessoa, mas sim entender o acontecimento, olhando os fatos com outro olhar, de uma nova perspectiva. Qual foi a intenção positiva dessa pessoa?

Perdoar também não nos transformará em uma pessoa parecida com aquela que nos feriu. Perdoar é entender que aquela pessoa não é perfeita e tem limitações.

Perdoar não é esquecer o que aconteceu, mas sim focar na intenção positiva e no aprendizado que essa situação trouxe para nossa vida, libertando-nos definitivamente de sentimentos ruins que esse fato tenha nos proporcionado.

Entenda que não é o fato em si, e sim a sua interpretação do que aconteceu que faz com que você reviva o sofrimento. Não traga para o tempo presente as perturbações do passado. Permita-se assimilar novas versões e reagir de modo positivo. Lembre-se: o ato de perdoar recompõe nosso equilíbrio emocional, nossa paz de espírito, e liberta sentimentos de amor que até então estavam presos em nosso sofrimento.

Até agora nos referimos ao perdão de outras pessoas. Mas existe outro tipo de perdão. O perdão das nossas próprias falhas, afinal nós também erramos e magoamos outras pessoas, pois somos perfeitamente imperfeitos e temos luz e sombra.

Como é maravilhoso aprender com nossos próprios erros. Como seria, se todas as vezes que você cometesse um erro, focasse na intenção positiva dessa falha? O que você ganhou em errar? Como seria, se após cometer um ato desagradável, você refletisse e tirasse uma aprendizagem positiva disso para não sofrer mais?

Seria maravilhoso, não é mesmo?

Convido você a fazer das suas próprias falhas oportunidades de desenvolvimento e autoconhecimento. Aprenda a lidar com suas decepções e suas frustrações. Aceite que ninguém é perfeito, nem mesmo você.

- Decida perdoar! Permita-se perdoar!
- Aceite as pessoas como elas verdadeiramente são, perfeitamente imperfeitas.
- Aceite que você também não é perfeito.
- Foque na intenção positiva de errar.
- Busque o aprendizado da situação.

Lembre-se: o perdão nos permite olhar para a frente, nos faz seguir adiante, sem mágoas nem ressentimentos. O perdão nos proporciona uma vida de aprendizado, desenvolvimento e autocura. Perdoar é também um ato de amor por si mesmo e nos faz viver uma vida de paz e felicidade.

Exercício do perdão

Convido você a realizar um exercício poderoso para ajudá-lo a perdoar. Pegue um papel e uma caneta e veja por si só a força que esta atividade tem.

Faça uma lista com o nome das pessoas que o magoaram e o feriram. Os acontecimentos não precisam ser recentes; pode ser um ex-namorado ou ex-marido que o abandonou; pode ser um amigo de infância que o traiu, um colega de trabalho que se sentiu ameaçado por você no emprego e o prejudicou, seu irmão ou seus pais por falta de carinho e atenção.

Agora faça uma lista com o nome das pessoas que você, querendo ou sem querer, magoou ou prejudicou. Aquele relacionamento que você terminou por falta de amor, seus pais por brigas de ciúmes, um amigo por divergência de opinião ou o que fizer sentido para você.

Muito bem, agora com as duas listas em mãos, convido você a acreditar que uma das técnicas de se livrar dessa dor ou sentimento de culpa que fere e machuca é escrever uma carta para a pessoa responsável por essa dor, mas sem enviá-la!

Olhe para a primeira lista e eleja a pessoa que mais o magoou. Agora, de forma saudável e amigável, escreva tudo o que vier a sua cabeça. Não pense, apenas escreva. Fique tranquilo, pois ninguém vai ler o que você escreveu. Aproveite essa técnica para dizer a essa pessoa quanto você ficou triste e magoado pela situação, ou como você se sentiu ao ser abandonado ou traído. Conte a essa pessoa as expectativas que tinha sobre ela e a decepção que sofreu após o acontecido.

Após finalizar a carta, pegue a segunda lista com os nomes dos indivíduos que você magoou. Escolha a pessoa que você acredita mais ter prejudicado e, da mesma maneira que escreveria uma carta para um amigo, conte sobre seus sentimentos de culpa e de arrependimento. Escreva, sem filtros, suas emoções e peça sinceras desculpas. Lembre-se de que essa carta é sua e não importa aqui o perdão do outro, mas sim seu perdão a si mesmo.

Depois de ter feito isso, coloque ambas as cartas em um local seguro e deixe-as ali por alguns dias. Então, releia o que escreveu e reflita. Avalie as situações de diversos ângulos, coloque-se no lugar do outro e pense o que poderia ter sido diferente. Faça isso até se sentir satisfeito com a maneira como expressou os acontecimentos. Busque sua cura focando no positivo.

O objetivo desse exercício é curar sua dor, certo? Então, quando perceber que está preparado, você escreverá uma carta de "cura" para a mesma pessoa que o magoou, dizendo que o que aconteceu no passado não pode ser modificado, mas que você entende por que ela agiu daquela forma. A partir desse momento você não julga o erro e entende que aquela pessoa agiu para preservar a própria autoestima, e não para destruir a sua.

Já para a pessoa que você pediu perdão, escreva outra carta, dizendo que podemos ressignificar o passado. Diga que sente gratidão por ela entender os motivos que o levaram a errar e peça a ela que guarde a intenção positiva e a aprendizagem da situação.

Lembre-se de que essas cartas não devem ser enviadas, elas são exclusivamente para você e sua recuperação. Finalizado todo o exercício, você pode rasgar as cartas e jogá-las no lixo.

Depois de revisitar sua história, fazer uma releitura da forma como reagiu a determinadas situações e ressignificar incômodos por meio do perdão, convido você a dar mais um passo em busca do autoconhecimento. Seguiremos com o foco no presente: quem eu sou agora? Quem eu acredito ser?

Metáfora: A espada mágica

Existe uma história muito, muito antiga, do tempo dos cavaleiros em suas brilhantes armaduras, sobre um jovem comum que estava com muito medo de testar sua habilidade com as armas no torneio local.

Certo dia, seus amigos quiseram lhe pregar uma peça e lhe deram de presente uma espada, dizendo que tinha um poder mágico muito antigo. O homem que empunhasse essa espada jamais seria derrotado em combate.

Para surpresa deles, o jovem correu para o torneio e pôs em uso o presente, ganhando todos os combates. Ninguém jamais vira tanta velocidade e ousadia no manejo da espada.

A cada torneio, a notícia de sua maestria se espalhava, e não tardou a ser ovacionado como primeiro cavaleiro do reino.

Por fim, achando que não faria mal algum, um de seus amigos revelou a brincadeira, confessando que o instrumento não tinha nada de mágico, era só uma espada comum.

Imediatamente o jovem cavaleiro foi dominado pelo terror.

De pé, na extremidade da área de combate, suas pernas tremeram, sua respiração ficou presa na garganta e seus dedos perderam a força. Incapaz de continuar acreditando na espada, ele já não acreditava mais em si mesmo. E nunca mais competiu.

Essa metáfora nos leva a refletir sobre o poder das crenças. Somos o que acreditamos ser. Nosso potencial e nossas limitações são reflexos do que acreditamos.

Mas o que são crenças?

Crenças são nossas verdades individuais, ou seja, é tudo aquilo em que acreditamos. As crenças são adquiridas ao longo da nossa vida, de nossas vivências e de nossos aprendizados. Elas são determinantes na forma como enxergamos o mundo. Elas podem nos potencializar ou podem nos limitar.

As crenças limitantes surgem de percepções equivocadas da realidade. Quanto mais experimentamos situações difíceis, mais acumulamos modelos mentais negativos de nossas capacidades e das demais pessoas.

Desde criança, vamos criando nossa visão de mundo, na qual somos incansavelmente influenciados de forma positiva e negativa pelas pessoas próximas, principalmente por nossos pais. Com isso, iniciamos a longa jornada de formação de personalidade, nosso jeito de ser, nosso caráter, nossa forma de perceber o mundo e nossa maneira de pensar. Porém, nem sempre essa interpretação do mundo é a mais saudável ou condiz com a realidade.

Frequentemente observamos crenças limitantes em relação ao casamento, que o relacionamento a dois é difícil, que as pessoas não são confiáveis, que homens não prestam, que filhos atrapalham a relação do casal. Dessa forma, programamos nossas ações para relacionamentos fracassados.

Outro exemplo é o pai que diz ao filho que ele é burro em matemática. Possivelmente essa atitude desenvolverá nessa criança a crença de que matemática é muito difícil de aprender, gerando sentimentos de inferioridade e problemas de autoestima. Poderá crescer com medo de aprender matemática, e a crença se tornará uma profecia.

Essas inferências negativas ouvidas ao longo da infância influenciam na criação da autoimagem adulta, uma vez que nessa fase da vida os pais são heróis e donos da verdade, e suas palavras e suas ações são inquestionáveis.

Assim, as crenças também podem ser impulsionadoras de resultados. Uma crença é algo poderoso e, se trabalhada de forma positiva, ajuda a superar expectativas.

Portanto, se o pai tivesse outra conduta com seu filho ao ensinar matemática, incentivando positivamente sua aprendizagem, falando sobre sua inteligência e facilidade ao aprender, possivelmente essa criança desenvolveria uma crença positiva e consequentemente a habilidade com matemática. Novamente a crença se tornará uma profecia.

Nesse sentido, nossas crenças determinam nosso sucesso e nosso fracasso. Nossas crenças determinam se seremos pobres ou ricos, dependendo das crenças que temos em relação a dinheiro e a trabalho. Se formos condicionados a acreditar que dinheiro não traz felicidade, que dinheiro não nasce em árvore, que precisamos trabalhar muito para ganhar dinheiro, que as pessoas que têm dinheiro não são felizes, ou que as pessoas ricas roubam dos pobres, que dinheiro é sujo, que os ricos não vão ganhar o céu, etc., estamos programando nossas ações para a pobreza.

Mudando as crenças, a vida financeira muda. Mudando as crenças sobre relacionamentos, você muda sua vida conjugal.

Exercício: Quais são as suas crenças?

Pegue um papel e uma caneta e responda aos seguintes questionamentos:

- Que importância você dá a sua saúde? Está no seu peso ideal?
- Você pratica exercícios físicos?
- Como você avalia sua capacidade de aprendizagem? Tem facilidade ou dificuldade para aprender?
- Como você se relaciona com dinheiro? Você é econômico ou consumista? O que ouvia na infância sobre isso?
- Como está sua vida profissional? Como você avalia seus resultados?
- Como está sua vida amorosa?
- Qual é a sua visão em relação ao papel da mulher? E em relação ao homem?
- Você tem amigos? Muitos ou poucos?
- Você se considera uma pessoa merecedora da vida que possui?

Após refletir sobre essas questões, faça uma lista das coisas que são realmente importantes na sua vida. Enumere-as em ordem de importância.

Faça outra lista com os sentimentos e as emoções de que você deseja fugir e que não lhe fazem bem. Sugiro que você os classifique partindo daquele que mais quer evitar. Esses sentimentos e essas coisas importantes limitam sua vida ou o prejudicam de alguma forma? Se sim, você pode estar diante de uma crença.

É essencial avaliarmos as crenças que limitam nosso desenvolvimento e crescimento. Assim, poderemos iniciar um processo de provocação interna, com argumentos e questionamentos. Darei abaixo alguns exemplos de crenças comuns e de como devemos questionar suas verdades:

1. As pessoas ricas não são felizes!

Será mesmo que pessoas ricas não são felizes? Conheço pessoas ricas que são felizes? Quem? Será que para ganhar dinheiro temos de trabalhar muito?

2. Os homens não prestam.

Será mesmo que todos os homens não prestam? Conheço homens bons e confiáveis? Quem? Eleja uma pessoa que é bom marido e bom filho.

3. Vencer a obesidade é muito difícil!

Será mesmo que perder peso é muito difícil? Conheço alguém que conseguiu emagrecer?

4. Toda mulher bonita é burra!

Será mesmo que toda mulher bonita é burra? Pense em mulheres muito inteligentes. Elas são bonitas?

5. Amigos de verdade são poucos!

Será que amigos verdadeiros são poucos? Quantos amigos eu tenho? Eu sou um bom amigo?

Identifique e questione suas crenças. Lembre-se de que crenças são nossas verdades individuais. Elas o potencializam ou o limitam. Quais delas você quer cultivar? E quais estão prejudicando seus objetivos?

Após refletir sobre suas crenças, convido você a refletir sobre suas metas e seus objetivos.

Quais são as minhas metas e meus objetivos pessoais?

"Se você não sabe aonde quer chegar, qualquer caminho serve." Pensando nessa frase, convido você a refletir sobre o fato de que um dia todos vamos viver de histórias. Faz sentido? Quando chegarmos a uma idade mais avançada, contaremos aos nossos netos e bisnetos a história da nossa vida. Então, pergunto a você: qual história você quer contar? Você está construindo essa história agora. A história que você está construindo é a mesma que deseja contar no futuro?

Pense na sua vida como um quebra-cabeça. Você já montou um quebra-cabeça? Quando compramos o quebra-cabeça, geralmente o escolhemos de acordo com a imagem final que ele terá depois de montado. Separamos as peças por cores e iniciamos a montagem. E esse processo pode ser fácil ou difícil, dependendo do número de peças e da complexidade.

Imagine que a montagem do quebra-cabeça é a construção da sua história de vida e a figura final são seus objetivos e suas metas atingidas na velhice. As peças são nossas atitudes e escolhas diárias ao longo da caminhada. Com as atitudes que tomamos no dia a dia, qual figura teremos no final da montagem?

Convido você a realizar um exercício prático para refletir sobre seus objetivos e suas metas.

Exercício: Metas e objetivos

Pegue papel e caneta e faça o que se pede a seguir.

1. Descreva resumidamente como é a figura final do seu quebra-cabeça.
2. Quais são os cinco principais objetivos pessoais e profissionais para os próximos 12 meses, visando à figura do seu quebra-cabeça?
3. Quais são seus objetivos financeiros para daqui um ano?

Agora que já temos clareza dos nossos objetivos, da história que queremos construir e da pessoa que queremos nos tornar, precisamos conhecer o que realmente nos motivará a agir na direção desses objetivos. O que é importante para você? Quais são seus valores?

Nossos valores são as coisas a que atribuímos importância e por isso determinam nossas atitudes. Todos os nossos comportamentos estão voltados para atender aos nossos valores. Eles são absorvidos, assim como as crenças, a partir de nossas vivências desde a infância e por meio da interferência de pessoas próximas, como familiares e amigos. Os valores estão intimamente ligados ao nosso senso de identidade. Estão presentes em todos os âmbitos da vida, como saúde, trabalho, relacionamento, espiritualidade, finanças, entre outros.

Alguns valores são permanentes e regem todas as áreas da vida, são os que chamamos de valores centrais, ao passo que outros podem ser momentâneos, de acordo com o contexto de vida naquele momento. Ou seja, em algumas fases da vida valorizamos mais os estudos ou o trabalho. O que é importante na área familiar pode ser diferente no ambiente profissional, por exemplo.

Assim, os valores definem nossas atitudes e nossos comportamentos diante dos desafios da vida. Eles determinam nossa motivação e são molas propulsoras por trás de tudo o que fazemos.

Exercício: Descobrindo meus valores

Agora que você já construiu a figura do seu quebra-cabeça e já entendeu que suas atitudes são motivadas pela importância que dá às coisas, convido você a selecionar cinco palavras de cada coluna, aquelas que mais fazem sentido para você. Fique à vontade para incluir palavras novas que não estão nesta sugestão de lista.

SAÚDE	FINANÇAS	TRABALHO	RELACIO-NAMENTO	ESPIRITUA-LIDADE
Vitalidade	Segurança	Respeito	Amor	Fé
Satisfação	Independência	Harmonia	Carinho	Deus
Longevidade	Respeito	Ética	Honestidade	Plenitude
Bem-estar	Realização	Aprendizado	Entendimento	Esperança
Humor	Cultura	Desenvolvimento	Crescimento	Sabedoria
Equilíbrio	Conforto	Autoestima	Gratidão	Humildade
Inteligência	Prestígio	Reconhecimento	Cumplicidade	Equilíbrio
Beleza	Reconhecimento	Liderança	Equilíbrio	Harmonia
Autoestima	Estabilidade	Motivação	Amizade	Livre-arbítrio
Esporte	Poder	Confiança	Colaboração	Sintonia
Energia	Abundância	Competência	Sexualidade	Fraternidade
Prazer	Diversão	Evolução	Doação	Doação
Alimentação	Progresso	Excelência	Diálogo	Compaixão
Peso ideal	Oportunidade	Sabedoria	Sinceridade	Crescimento
Conforto	Patrimônio	Dedicação	Compreensão	Transformação

Após selecionar as cinco palavras de cada categoria, coloque-as em ordem de prioridade, em que 1 é a mais importante e 5 a de menor importância.

Saúde	Finanças	Trabalho	Relacionamento	Espiritualidade
1	1	1	1	1
2	2	2	2	2
3	3	3	3	3
4	4	4	4	4
5	5	5	5	5

Esses são os valores que regem seus comportamentos e suas atitudes. Como podemos observar, nossos valores também têm níveis de importância, um se sobrepõe ao outro dependendo da situação. Por exemplo, tenho muito forte os valores beleza e conforto. Mas, se o valor beleza é maior que o valor conforto, posso realizar algo desconfortável em benefício da beleza. Porém, se meu valor conforto for maior que beleza, não farei algo desconfortável, mesmo que seja para ficar mais bela.

Construindo a missão de vida

Agora que já entendemos o passado, conhecemos nossos valores e nossas crenças, convido você a refletir sobre sua missão de vida.

Procure um lugar tranquilo, onde você tenha certeza de que não será incomodado, e reflita sobre os questionamentos abaixo. Escreva o que vier a sua mente, sem filtros e sem censura.

- Quem eu sou realmente? Qual é a minha essência?
- No que eu acredito? O que eu valorizo?
- Quais são meus talentos?
- Como posso contribuir para um mundo melhor?
- O que me faz feliz?
- Como eu quero ser lembrado?

Depois de responder às perguntas acima e às demais já exploradas neste artigo, junte as respostas, reflita e sintetize em um texto único.

Qual é sua missão de vida?

Considerações finais

Neste artigo trabalhamos com algumas ferramentas utilizadas em um processo de coaching. Essas reflexões trazem conhecimento interior, aprimoramento de nossas competências e, consequentemente, aumento de nosso desempenho e nossos resultados. Por isso, invista em seu autoconhecimento!

- Duvide das suas crenças!

- Foque nos seus objetivos! Supere-se!

- Viva a vida por um propósito e seja ainda mais feliz!

Referências

BUCKINGHAM, Marcus; CLIFTON, Donald. *Descubra seus pontos fortes*. Rio de Janeiro. Sextante. 2008.

BURIC, André. *Propósito de vida: descubra a vida que você nasceu para viver*. BrainPower, 2016. (e-book)

HANNA, Paul. *Você pode! Descubra o caminho para mudar e vencer*. São Paulo: Fundamento, 2004.

MARQUES, José Roberto. *Coaching Ericksoniano: hipnose aplicada ao coaching*. Versão 12. São Paulo: IBC, 2012. (Apostila de curso)

_____. *Os 7 níveis da teoria do processo evolutivo: guia revolucionário de autoconhecimento e empoderamento*. Goiânia: IBC, 2015.

_____. *Professional & Self Coaching: programa de formação e certificação internacional*. Versão 35. São Paulo: IBC, 2012. (Apostila de curso)

MURPHY, Jose; HILL, Napoleon; ALLEN, James; ATKINSON, William. *O guia do sucesso e da felicidade. Conselhos de sabedoria de grandes pensadores*. Rio de Janeiro: BestSeller, 2015.

VIEIRA, Paulo. *O poder da ação: faça sua vida ideal sair do papel*. São Paulo: Gente, 2015.

3

Coaching para a vida do líder

A Organização das Nações Unidas (ONU), que tem uma banca especializada em desenvolvimento de líderes globais, colocou em seus compêndios que todo o exercício de liderança só seria caracterizado como LIDERANÇA se fosse com o intuito de promover transformações positivas (para o bem) em seus liderados e pessoas indiretas a sua gestão. A proposta deste trabalho é apresentar ao leitor o conceito de liderança transformacional, em uma perspectiva coaching, método que promove impactos positivos transformadores tanto na gestão de pessoas como na aceleração dos resultados da organização

Dionízio Costta Jr.

Dionízio Costta Jr.

Psicólogo organizacional, professor e pesquisador. Diretor de Pesquisa e Desenvolvimento da Associação Brasileira de Recursos Humanos em Pernambuco (ABRH-PE). Mestrando em Recursos Humanos e Gestão do Conhecimento, com formação certificada pelo International Coach Federation – Sistema ISOR em Coaching e Mentoring. Coordena pesquisas de Counseling no Brasil e possui experiência em Educação Corporativa, Desenvolvimento Humano Organizacional e Liderança. Também é membro da Sociedade Brasileira de Psicologia Organizacional e do Trabalho e da American Counseling Association (ACA) – EUA. Coautor do livro: Coaching: Aceleração de Resultados (Literare Books).

Contatos
dionizio.costta@gmail.com
(81) 98743-0118

O termo liderança tem inúmeras definições, e algumas delas são apresentadas de maneira errônea, na maioria das vezes representando uma visão particular, sem ter o cuidado da pesquisa e sem a devida orientação para a formulação da ideia. Em relação ao coaching, essa condição piora. O termo coaching hoje pouco representa o que de fato se propõe a representar. Neste capítulo apresentaremos de maneira mais "cuidadosa" ambas as definições e como a junção da liderança e do coaching pode propor condições transformadoras às organizações a partir da atuação das pessoas.

Sobre liderança

O estudo sistemático sobre o tema liderança parte da necessidade de cada vez mais entender a importância do líder em todos os ambientes sociais, tendo em vista que a liderança é um fenômeno milenar que tem impacto em todas as esferas da sociedade e, consequentemente, nas empresas, tendo em vista que as organizações são estratos da sociedade.

Reddin (1970, p. 23) destacava sobre a definição do líder:

> Um líder não é, na verdade, um gerente no sentido formal. Ele é alguém que os outros consideram como principal responsável pela realização dos objetivos do grupo. Sua eficiência é avaliada pelo grau de influência aos seus seguidores na realização dos objetivos do grupo.

Entretanto, vale salientar que o conceito de liderança foi registrado pela primeira vez em um artigo publicado em 1904 por Lewis Terman. A partir daí, inúmeros pesquisadores interessaram-se e passaram a buscar informações e conceitos referentes ao tema.

Compreender a liderança era um caminho promissor para aprender e criar influência sobre os outros. Nas empresas, predominava a visão burocrática, dentro da qual a interação e a sinergia no trabalho eram um objetivo da engenharia. Assim, os estudos pioneiros dedicados à compreensão dos conflitos nas empresas eram conduzidos por engenheiros, sendo a convocação de sociólogos e psicólogos uma decisão inicialmente tímida, mas crescente ao longo dos anos de 1920 e 1930. O intenso desenvolvimento da psicologia social, nos anos de 1930, impulsionado pelas obras de cientistas sociais como Mead, Lewis, Homans e Bales, abriu a discussão para a questão da interação social como fato imanente à vida cotidiana de grupos humanos (BENDAS-SOLLI; MAGALHÃES; MALVEZZI, 2014).

Para uma compreensão maior da liderança aplicada a sua atuação dentro das organizações, é adotado o conceito amplo usado por Bass (1990, p. 19-20):

> Liderança é uma interação entre dois ou mais membros de um grupo que frequentemente envolve a estruturação ou reestruturação de uma situação e as percepções e expectativas dos membros. Os líderes são agentes de mudanças – pessoas cujos atos afetam outras pessoas mais do que as outras pessoas afetam os atos deles.

Mas o tema não ficou restrito apenas aos pensadores independentes. Universidades como a Ohio State University, a Michigan University, entre outras, estudam incansavelmente o assunto, no intuito de esclarecer ao mundo e às organizações qual era o perfil dos líderes e sua real importância.

Para uma compreensão mais aprofundada das definições, Melo (2014) sugere um quadro de modelos contingenciais de liderança, autores e caracterização que esclarece de maneira sistemática e lógica a evolução do estudo da liderança.

Este quadro facilita a compreensão de como a linha de pensamento sobre liderança (sobre os mais variados prismas de observação) foi amadurecendo, mas também sem perder as contribuições primárias fornecidas pelos pensadores, de modo que deixa claro como o tema evoluiu, mas ainda precisa de mais estudos e análises.

MODELO	AUTOR	CARACTERIZAÇÃO
Fiedler	Fred Fiedler	Conjuga duas dimensões do comportamento do líder: orientação para o relacionamento , e três critérios situacionais: relações líder-membro (RLM), estrutura da tarefa (ET) e poder da posição (PP). Pressupõe que o estilo de liderança de um indivíduo é fixo. Assim, seria necessário que o líder fosse colocado na situação em que não consegue mudar seu estilo para se ajustar a uma determinada situação.
Caminho Objetivo	Robert House	O trabalho do líder é ajudar os seguidores a atingir suas metas e fornecer a direção e/ou o apoio necessário para assegurar que sejam compatíveis com os objetivos gerais do grupo ou da organização. O comportamento de um líder é aceitável pelos subordinados à medida que é visto por estes como uma fonte imediata de satisfação ou como um meio de satisfação futura. Assim, o comportamento do líder é motivacional, uma vez que torna a necessidade de sofisticação do subordinado contingencial ao desempenho eficaz e fornece treinamento, direção, apoio e recompensas necessárias para o desempenho eficaz.
Participação e liderança	Vroom e Yetton	Relaciona o comportamento e a participação da liderança na tomada de decisão. Pressupõe que o líder pode ajustar seu estilo a diferentes situações, de modo a refletir a estrutura da tarefa. O modelo original concebia cinco estilos básicos: 1. Autocrático I – o líder soluciona o problema ou toma a decisão por si, usando quaisquer fatos que tenha à mão; 2. Autocrático II – o líder obtém a informação necessária de subordinados e decide, então, ele mesmo, qual é a solução do problema; 3. Consultador I – o líder compartilha o problema com os subordinados considerados relevantes, um a um, colhendo suas ideias e sugestões, e toma a decisão final sozinho; 4. Consultor II – o líder partilha o problema com os subordinados como um grupo e toma a decisão; 5. Grupo II – o líder divide o problema com os subordinados como um grupo e toma a decisão em equipe.

Liderança Situacional	Hersey e Blanchard	Os autores usam as mesmas dimensões de liderança adotadas no modelo Fiedler: comportamentos de tarefa e de relacionamento. Porém, combinam essas dimensões como "alto" e "baixo", resultando em quatro comportamentos denominados da seguinte forma: determinar (tarefa alta – relacionamento baixo) – ênfase no comportamento diretivo, o líder diz o que deve ser feito; persuadir (tarefa alta – relacionamento alto) – o líder fornece tanto comportamento diretivo como comportamento de apoio; compartilhar (tarefa baixa – relacionamento alto) – o líder e o seguidor partilham a tomada de decisão, e o papel principal do líder é facilitar e comunicar; delegar (tarefa baixo – relacionamento baixo) – o líder fornece pouca direção e apoio. O elemento situacional do modelo é a maturidade dos subordinados, que se refere à extensão na qual as pessoas têm a capacidade e a disposição de realizar uma tarefa específica. Assim, são identificados quatro estágios: capaz e disposto; capaz e não disposto; incapaz e disposto; e, por fim, incapaz e não disposto.

Certamente essas definições não são as únicas, tampouco são absolutas. Elas são fruto de pesquisas rigorosas e detalhadas sobre o tema, o que valida muito mais a assertividade delas. É importante também tomar nota de que a possibilidade de variações dessas definições é extremamente possível, uma vez que o conceito de liderança também sofre influência dos aspectos sociais e contemporâneos; um exemplo disso é imaginar que algumas décadas atrás a figura de Hitler era tida como a de um grande líder (e surpreendentemente até hoje algumas pessoas ainda o consideram dessa maneira).

Um dos maiores desafios das organizações na pós-modernidade é despertar em seu corpo de colaboradores o real sentido de líder formador (líder que forma líder), e só é possível atingir esse nível máximo de excelência se de fato compreendermos a importância que a liderança exerce tanto para a aceleração dos resultados da empresa como para a construção de equipes maduras e preparadas para os desafios diários da organização. Por isso, é fundamental ter essa compreensão antes de qualquer outra.

Sobre coaching

Infelizmente o termo está vulgarizado. São poucas as publicações e as escolas formadoras que se dedicam a explanar o tema de maneira científica, com foco no resultado da ferramenta, e não no retorno financeiro ou midiático. Isso é lastimável, pois provoca uma banalização generalizada e um descrédito na ferramenta e, não raro, tende a confundi-la com outras ferramentas de desenvolvimento humano, como o mentoring e o counseling.

Hoje, o grande mercado que se tornou o coaching (e um mercado prostituído) tem prejudicado – e muito – os profissionais que o encaram de maneira profissional e cuidadosa, pois correm o risco de ser confundidos com aqueles que usam o coaching apenas para satisfazer um "fetiche" profissional, arriscando-se no mercado de maneira deliberada e aplicando o coaching irresponsável e sem o mínimo de responsabilidade profissional por suas técnicas mirabolantes de mudanças de resultado.

É extremamente importante ter cautela para identificar quais são os profissionais de coaching que verdadeiramente encaram o ofício de forma legítima, para não ser enganado por qualquer um que apresente um certificado e se autodenomine coach.

Essas problemáticas também influenciam nas definições sobre coaching, por isso me apegarei ao que acredito ser a mais compreensível descrição, que é a definição de coaching do International Coaching Federation (ICF): uma parceria com os clientes em um processo instigante e criativo que os inspira a maximizar seu potencial pessoal e profissional.

A parceria pode ser desenvolvida interna (por meio de profissionais que a empresa capacita com formação para que atuem no desenvolvimento de liderança entre os funcionários) ou externamente (quando a empresa contrata um coach no mercado para fazer os devidos acompanhamentos). Ambas as formas podem ser positivas se aplicadas considerando a necessidade de que o líder carece.

Para tanto, é de extrema importância compreender aspectos históricos sobre o coaching. Com essa finalidade, apresento a abordagem de Celestino (2011): coach é uma palavra inglesa, mas de origem húngara (kocsi). Kocs é uma cidade na Hungria que fica no condado de Komárom-Esztergom, às margens do rio Danúbio e da estrada que liga Viena, na Áustria, a Budapeste. No século XVI, começou a produzir carruagens que se tornaram as mais cobiçadas da época por seu conforto – elas foram as primeiras a ser produzidas com suspensão de molas de aço. Assim, as carruagens de Kocs eram chamadas de kocsi szeker. Os nativos dessa cidade também são chamados de kocsi. E é esse vocábulo que os ingleses entendiam como "coach". Portanto, o primeiro significado da palavra coach é "carruagem".

Com o passar do tempo, surgiu uma analogia. Do mesmo modo que a carruagem leva as pessoas aos diversos campos geográficos, o coach é o tutor que conduz outras pessoas pelos diversos campos do conhecimento. Conta-se também que as famílias muito ricas, quando em longas viagens pela Europa, levavam servos no interior da carruagem, que liam em voz alta para as crianças o que elas tinham de aprender. Esse servo também passou a ser chamado de coach.

Na segunda década do século XIX, os alunos da Universidade de Oxford adotaram a gíria "coach" para designar os professores que os auxiliavam nos exames finais. Em seguida, a própria universidade começou a chamar os técnicos das equipes esportivas desse modo. Portanto, o segundo significado da palavra é "técnico".

Uma curiosidade: apesar de ser considerada arcaica, a palavra "coacher", para designar o coach, existe, mas caiu em desuso a partir da década de 1910. Todavia, ainda hoje, algumas empresas a adotam para se referir ao coach.

Nas décadas de 1950 e 1960, o gigantismo das operações empresariais, impulsionadas pelo mercado de capitais, gerou alguns desafios básicos. Primeiro, para obter resultados mais expressivos, os profissionais mais antigos foram dispensados. Isso acarretou a perda de experiência relevante para as empresas, que se viram obrigadas a recontratá-los, mas como consultores externos. E, segundo, o aumento do número de subsidiárias em países distantes fez surgir a necessidade de formar líderes. Entretanto, a formação de líderes é um processo que requer um profissional com formação e características específicas: o coach. Diferentemente de um consultor, o coach não possui as respostas, mas as perguntas que desenvolvem o pensamento e o comportamento do líder.

Em nossos dias, o coaching tem sido uma ferramenta espetacular para a vida das pessoas em geral, especialmente para a do líder, que mais do que nunca precisa utilizar essa ferramenta para ser um agente transformador em sua equipe. Obviamente, o uso do coaching precisa ser mais uma ferramenta para a gestão do líder, ou seja, não se deve fazer uso exclusivamente dela acreditando que por si é solucionadora dos problemas da equipe. O ofício da liderança é muito superior ao ofício de um coaching. Portanto, nossa proposta neste trabalho é esclarecer ao líder a importância que o coaching tem para sua vida, para seu exercício de líder.

O coaching usado em processos de liderança proporciona uma gestão muito mais assertiva por parte do líder. A seguir, apresento o conceito de liderança transformacional, que é o resultado de todas as ferramentas usadas por um líder que usa o coaching em seu auxílio.

Outra ferramenta de desenvolvimento humano organizacional que vale salientar como fundamental para a vida do líder é o mentoring. Esse processo tem várias aproximações com o coaching, correndo até mesmo o risco de ser confundido com ele, entretanto um olhar minucioso sobre as especificidades de cada ferramenta esclarece suas diferenças. O foco do coaching, de maneira geral, é inclinado à gestão, enquanto o do mentoring é em comportamento. No caso do mentoring, a atuação é mais voltada para as funções dentro da organização. As funções são:

- Trabalho e carreira: foco nas questões diárias de trabalho, nos aspectos técnicos e funcionais e no crescimento da carreira dentro da organização.
- Emocionais: foco em aspectos pessoais e cognitivos.
- Modelar: papel do mentor como figura inspiradora e alinhadora.

Embora neste trabalho nosso foco seja o coaching na vida do líder, vale salientar o papel do mentoring.

Sobre o coaching para a vida do líder: a liderança transformacional

A Universidade Estadual de Ohio (que configura um dos grandes centros de estudo sobre liderança e recentemente sobre coaching) desenvolveu um trabalho espetacular não apenas em sua teorização, mas especialmente em suas pesquisas. Foi a partir dos estudos desenvolvidos pela universidade que chegamos a inúmeras definições sobre liderança, especialmente a liderança transformacional. Foi observado que o líder transformado usava (por vezes de maneira inconsciente) ferramentas de coaching para atingir os resultados transformadores para sua equipe.

O conceito de líder transformador parte dessa premissa e, calcado na teoria de liderança transformacional, também chamada de teoria de relações, coloca o foco no relacionamento entre o líder e seus liderados. De acordo com as teorias de liderança transformacional, um líder fará seus liderados compreenderem o significado e os benefícios de uma tarefa, motivando-os e inspirando-os. Na liderança transformacional, o foco não está apenas no desempenho do grupo, mas também em garantir que cada indivíduo alcance o seu potencial máximo. Assim, a liderança que segue esse tipo de teoria também apresenta elevados padrões morais e éticos, pois entende que o comportamento do líder precisa em sua essência promover transformações positivas na vida de seus liderados, assim como na aceleração dos resultados da organização. Um líder transformador entende que o foco em sua gestão é despertar em sua equipe o poder que cada um que a compõe tem. Essa transformação atinge todos os aspectos da vida do liderado, e não apenas os relacionados às práticas organizacionais. Antes de tudo, o líder é transformador de vidas, e aí é que entra uma perspectiva coaching, pois com o uso dessa ferramenta tão poderosa o líder conseguirá ter êxito em sua liderança.

O coaching aplicado à liderança otimiza a capacidade transformadora que uma boa liderança precisa ter, pois o processo de coaching em si é provocador, no intuito de gerar reflexões que conduzem o liderado a seus próprios resultados e descobertas. Mas, para tanto, antes de tudo o líder também precisará percorrer esse caminho da descoberta e do encontro consigo mesmo. Sidarta Gautama, que conhecemos como Buda, chegou à iluminação quando abriu os olhos para aquilo que deveria perceber; ele não abriu os olhos simplesmente, mas os abriu para aquilo que provocaria sua iluminação. O papel do líder é, assim, ajudar seu liderado a abrir os olhos para aquilo que provocará a transformação em sua vida, e o melhor caminho para isso é o coaching.

Uma das armas necessárias para a eficácia do processo de coaching aplicado à liderança é o líder ter paixão pelo ofício.

Segundo John C. Maxwell, a paixão é um recurso inacreditável para qualquer pessoa, mas especialmente para os líderes, fazendo-nos prosseguir quando outros desistem, contagiando e atraindo parceiros, impulsionando-nos quando precisamos atravessar os momentos mais difíceis, dando-nos uma energia que até então não sabíamos possuir.

A paixão estimula de tal forma que os recursos a seguir não conseguem:

- TALENTO: nunca é suficiente para nos capacitar e alcançar o nosso potencial. Há muita gente no mundo com grande talento natural que nunca alcançou sucesso pessoal ou profissional. Para ser um líder bem-sucedido – e uma pessoa bem-sucedida –, você precisa mais do que apenas talento.
- OPORTUNIDADE: ela nunca nos levará ao topo sozinha. As oportunidades podem abrir a porta, mas a jornada do sucesso costuma ser longa e difícil. Sem a paixão que sustenta quando a situação fica difícil, as pessoas não aproveitam a maioria das oportunidades e nunca alcançam seu potencial.
- CONHECIMENTO: pode ser um grande recurso, mas não fará de nós "tudo o que podemos ser". Ser inteligente não faz de ninguém um líder. Ter credenciais ou graduações acadêmicas também não. A educação formal não faz de você um líder.
- UMA ÓTIMA EQUIPE: pode ser insuficiente. É verdade que os líderes não podem ser bem-sucedidos se não puderem contar com uma boa equipe. Mas dispor de uma equipe de qualidade

não garante o sucesso. Uma equipe que não coloca o coração no que faz e uma liderança fraca não alcançam o sucesso. Além disso, se uma equipe começa forte, mas é orientada por um líder fraco e sem paixão, ela também acaba ficando fraca e sem paixão.

Para auxiliar nesse diagnóstico, apresento um teste muito simples, porém muito assertivo neste diagnóstico, o qual chamei de "Calibragem da agradabilidade no exercício do trabalho":

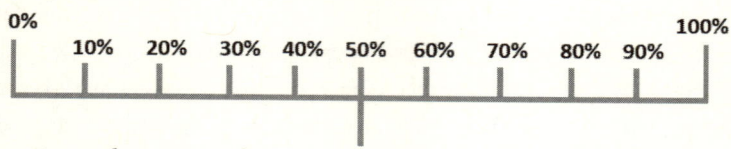

Levando em consideração todas as suas atividades de trabalho (absolutamente todas), coloque na escala apresentada quanto (em %) você realiza com prazer, com satisfação, com paixão. Obviamente você tem atividades burocráticas, de controles, etc., e mesmo essas rotinas devem ser consideradas. Ponderando todos os aspectos, dê uma média.

Maxwell apresenta o resultado para essa calibragem:

90% ou mais: você está no lugar certo, comemore!

75%-89%: faça alguns ajustes simples para equilibrar com sua paixão ao trabalho.

50%-74%: você precisa fazer ajustes muito importantes.

49% ou menos: você precisa redesenhar, ajustar critérios e rever a carreira para melhorar esse desempenho.

A partir dos resultados, faça os ajustes necessários para que você esteja no lugar adequado e, como consequência, obtenha resultados positivos em sua gestão.

Para se caracterizar como um líder transformador, é necessária a busca incansável pelo autoconhecimento. O autoconhecimento também é um tema muito recorrente nos debates organizacionais, pois vemos a cada dia a vital importância que conhecer a si mesmo tem para uma vida mais realizada, uma gestão mais assertiva e maior produtividade. Esse processo precisa ser inteligente, sem modismo. O coaching apresenta inúmeras ferramentas para isso, como a ajuda de um coach nesse momento. Comece sempre pela compreensão de quais são seus pontos desenvolvidos, seus pontos a desenvolver, suas dificuldades, medos, anseios, ansiedade, preocupações e tantas e tantas variantes nesse sentido. Olhe para si mesmo, reconheça suas limitações, veja o que elas lhe trazem de bom e potencialize seus pontos fortes.

Conclusão

Desejo que este conteúdo tenha um real sentido para o exercício da liderança que você desempenha ou que pretende desempenhar. A possibilidade de exercer o papel de líder ultrapassa os muros da organização, e em nossos dias necessitamos cada vez mais do papel de líder, em todos ambientes. Independentemente do ambiente em que esteja inserido, use esse ofício milenar de maneira a trazer desenvolvimento pessoal e profissional para todas as pessoas que estejam direta e indiretamente ligados a você.

Referências

MELO, Eleuní Antonio de Andrade. *Liderança gerencial.* In: SIQUEIRA, Mirlene Maria Matias (Org.). *Novas medidas do comportamento organizacional.* Porto Alegre: Artmed, 2014. pp. 217-29.

BENDASSOLLI, Pedro F.; MAGALHÃES, Mauro de Oliveira; MALVEZZI, Sigmar. *Liderança nas organizações.* In: ZANELLI, José Carlos; BORGES-ANDRADE, Jairo Eduardo; BASTOS, Antonio Virgílio Bittencourd (Org.). *Psicologia, organizações e trabalho no Brasil.* 2. ed. Porto Alegre: Artmed, 2014. pp. 413-49.

COSTTA JR., Dionízio. *Mentoring, uma alternativa ao coaching?.* In: MATTEU, Douglas de; SITA, Maurício; FONSECA, Raquel; FARIAS, Wilson (Org.). *Coaching: aceleração de resultados.* São Paulo: Ser Mais, 2015. pp. 131-8.

MAXWELL, John C. *O livro de ouro da liderança.* 2. ed. Rio de Janeiro: Thomas Nelson Brasil, 2011.

4

Experiências transformadoras através do coaching de vida

"Bem, na verdade, eu quero viver. Por isso estou aqui", ele concluiu.

E, de súbito, me dei conta da responsabilidade do caminho com um ser humano que foi colocado subitamente diante de uma realidade tão plausível quanto é a morte em nossa vida.

[...]

"Penso que é a vida que continua e, agora, já mais aliviada de tanta preocupação e solidão!", finaliza.

"Assim é, como podemos olhar a vida e vivê-la bem mais aliviados", completei

Elisa Próspero

Elisa Próspero

Psicóloga, Consultora, Coach e Escritora da Literare Books. Criadora do "Team Leader Coaching Intensive Program" – Formação em Coach de Vida e de Carreira, pelo Instituto Próspero-T&D + Coaching. Experiência docente há 25 anos: FAAP, ESPM, UNIP e Estácio de Sá – RJ e SP. Pós-graduada em RH e Administração pela FGV, com especializações em Educação Biocêntrica e Psicologia Social – PUC, formação em programas comportamentais e de meditação, além de abordagens corporais, psicodramáticas, psicoterapêuticas e constelações familiares e organizacionais. Estudiosa da Neurociência e filosofia Budista tibetana. Master na criação e realização de eventos, palestras e programas de desenvolvimento organizacional, gestão de conflitos e mudanças, fusões e aquisições – com foco em Liderança, Gestão e Equipes, integrando conhecimentos e experiências alcançados em quase trinta anos de práticas junto a grandes empresas globais. Principais clientes: AVON, BRADESCO e COLIGADAS, BANESPA-SANTANDER, BOSCH, CEF, CPFL, CTIS, COCA-COLA FEMSA, GM, GERDAU, ITAU-UNIBANCO, KANTAR, KLABIN-IGARAS, MAPFRE, PORTO SEGURO, REDE GLOBO E REDE TRIBUNA/ES, UBM, ZF do BRASIL.

Contatos
www.institutoprospero.com.br
eprospero@terra.com.br
(11) 96414-5460 / (11) 99622-7157

> "Para ser grande, sê inteiro: nada
> Teu exagera ou exclui. Sê todo em cada
> coisa. Põe quanto és
> No mínimo que fazes.
> Assim em cada lago a lua toda Bri-
> lha, porque alta vive."
>
> Fernando Pessoa

A gente nasceu para ser humano e gente mesmo. Para viver em plenitude e liberdade, em inteireza e expressando todos os nossos talentos. No entanto, não é o que observamos no dia a dia das pessoas. Tem uma insegurança ali, uma dor acolá, histórias que se acumulam em tristezas e angústias, mas também compensam com alegrias e realizações. E a dor maior é não poder ser quem se é, seja por limitações no autoconhecimento, seja porque a vida não facilitou a validação nem a valorização do Ser.

Na minha história com grupos de desenvolvimento de adultos – tanto no universo corporativo como nos grupos em comunidades –, a busca em geral se dá por um olhar que não houve, um gesto que não aconteceu, um acolhimento que ficou na intenção.

A atenção quando se fala e o outro escuta, o cuidado com pequenas observações do cotidiano, a gentileza em estar face a face, olhos no olhos, são exemplos das principais necessidades humanas que se estabelecem desde o nascimento. Propagam-se na infância e na adolescência e continuam sua ressonância na vida adulta.

Nesse sentido, o processo de coaching de vida encontra um lugar em pleno século XXI para atender a pessoas comuns e de todos os lugares em suas inquietações e suas necessidades mais urgentes, seja por fortalecimento, seja por mudanças – por vezes desafiadoras ou muito dolorosas – em sua maneira de Ser na vida.

Neste artigo, vou refletir sobre algumas histórias e momentos da abordagem sistêmica que desenvolvi no processo de coaching, sustentada pelos campos da psicologia, da fenomenologia e da neurociência por meio do caminho da consciência, acessando o mestre interior, que surge em palavras, *insights*, frases ou sonhos e nos ajuda a desvelar a Luz e a Sombra que há em todos nós, facilitando a jornada pessoal.

Um relato da realidade: Quando decidir pelo coaching de vida?

> "Estamos todos numa solidão e numa multidão ao mesmo tempo."
> Z. Bauman

O sociólogo polonês Zygmunt Bauman declara que vivemos em um tempo que escorre pelas mãos, um tempo líquido em que nada é para permanecer, como se não houvesse nada tão intenso que conseguisse persistir e se tornar verdadeiramente necessário. Tudo é movimento e transitório. Não podemos pausar uma observação daquilo que vivenciamos; parece urgente a necessidade de fotografar, filmar, comentar, curtir e compartilhar.

Em tempos de mídia social, se gosto, eu curto; se não gosto, eu deleto. Posso também bloquear e desconectar. Nas relações virtuais, embora as discussões não terminem em brigas face a face, as conversas também não são concluídas com aperto de mãos nem abraços presenciais. Não há olhares, e os sentimentos podem ser descartados. Não há empatia. Muitas vezes há somente julgamentos.

O afeto é mais falado do que vivido. Um tempo de secreta angústia se descortina, o corpo responde estranhamente, e a alma pode sufocar, como se houvesse uma vertigem ameaçadora permeando as relações, e tudo pode se tornar vacilante – os amigos, os valores e os amores.

Nesse contexto, a ansiedade, o medo, a raiva e a tristeza podem conter o cenário e responder pela maioria dos comportamentos agressivos, isolados ou resistentes ao convívio social, profissional e familiar. Da mesma forma, as doenças psicossomáticas tendem a se instalar, gerando desconforto e sofrimento.

Antes mesmo de essa problemática se instalar, o coaching de vida individual ou em grupo surge como uma proposta que acalenta a possibilidade de ajuda em situações de mudança, transformação e de alcance para novas possibilidades na vida pessoal, familiar e social.

Não é necessário que um grande problema se consolide para que a ajuda possa vir. O coaching de vida está acessível a todas as pessoas que queiram também olhar sua vida sob novos referenciais e perspectivas, assim como estabelecer prioridades, objetivos e metas, redirecionar sonhos e definir propósitos de alcance.

Um caso prático: Escolhendo existir!

"O correr da vida embrulha tudo. A vida é assim: esquenta e esfria, aperta e afrouxa, sossega e depois desinquieta. O que ela quer da gente é coragem."
Guimarães Rosa, em Grande Sertão: Veredas

Num grupo de coaching de vida, após o primeiro encontro, Luana*(todos os nomes foram trocados) me procura e relata que não mereceria estar ali, pois sempre conseguiu resolver seus problemas e nunca precisou de ajuda, por isso estava insegura quanto ao fato de continuar ou não o seu processo. Ela foi para casa naquele dia sentindo-se fora de sua zona de conforto, mas levou a reflexão sobre as expectativas e o acolhimento do grupo.

No entanto, depois de ponderar sobre suas necessidades e seu momento pessoal, sua decisão foi continuar o processo e, ao concluir sua trajetória ao longo de um ano, ela escreveu:

"Quando cheguei, quase decidi ir embora. Quase desisti. Pensei em como as pessoas me julgariam, mas o julgamento estava dentro de mim. Ali, foi só o início do meu propósito. Estava naquele momento refletindo minha coragem em me posicionar... e a palavra que me inspirou foi generosidade. Precisava começar a ser mais gentil comigo e com o outro diante dos desenlaces da vida."

Ao que respondi:

"Quando não desistiu do processo, você escolheu existir nesse momento da sua Vida. Existir vem do latim existere/exsistere, 'ser, existir, aparecer, emergir, mostrar-se'. Forma-se por ex-, à frente, mais sistere, 'fazer ficar de pé'. Que você encontre na sua Luz a força para continuar existindo sempre e na Sombra a provocação necessária para não desistir nunca! #sendovocemesmo #desvelandoaessencia #serpararealizar".

Os poemas registram emoções e integram nossos pensamentos à realidade das experiências, às vezes inconclusivas e questionáveis, dolorosas ou cheias de euforia. Por isso, tenho compartilhado poemas como exercício para inspirar, refletir e questionar. Deixarei, ao longo das histórias, como exemplos, alguns poemas que contemplem as temáticas abordadas.

POEMA 1
CONVITE PARA SER, Carlos Drummond de Andrade

"O importante não é estar aqui ou ali, mas ser.
E ser é uma ciência delicada, feita de pequenas observações do cotidiano, dentro e fora da gente.
Se não executamos essas observações, não chegamos a ser: apenas estamos, e desaparecemos."

REFLETIR:
- Você tem buscado ajuda quando necessário?
- Reconhece suas dores e suas limitações?
- Aproveita os encontros e as possibilidades de compartilhar, aprender e realizar?

O primeiro coach:
Rever atitudes e aliviar a vida em vez de sobrecarregá-la!

*"Digo: o real não está na saída nem na chegada; ele se dispõe para a gente
é no meio da travessia."*
Guimarães Rosa

Um incidente inesperado e fatal fez com que George se afastasse do trabalho por quase seis meses. Pela primeira vez na vida, ele se viu nas mãos de uma equipe de médicos experientes e comprometidos em salvá-lo de um enfarte que por pouco não lhe tira a vida aos 37 anos de idade, deixando uma família querida e amada ainda com dois filhos pequenos.

Seguiu-se uma série de exames, consultas, recomendações médicas, físicas, terapêuticas e nutricionais, que ele fez questão de seguir à risca, pois queria continuar existindo e viver ainda por longos anos com seus familiares, amigos e colegas.

Após dois anos de regularidade e compromisso em suas ações de saúde, trabalho e convívio social, um susto o levaria novamente ao hospital em estado de emergência, mas conseguiu sair ileso e voltar ao convívio entre os seus com brevidade e senso de urgência em mudar, transformar mais alguma coisa – mas o quê?

Surge, então, a indicação de um coach. Mas como poderia ajudá-lo? Essa era a principal questão, uma vez que havia algo que talvez pudesse melhorar ou mudar em seu estilo de vida, segundo a orientação médica. Mas o quê?

Em seu primeiro contato comigo, ele chegou bem ansioso, ofegante e desculpando-se por estar em cima da hora:

"Não calculei bem o tempo de percurso e cheguei muito em cima da hora. Não sei bem o que dizer nem como poderíamos trabalhar, já que é a primeira vez que procuro um coach."

Percebendo o seu estado de maior ansiedade, provavelmente o coração também acelerado, procurei acalmá-lo, estabelecendo o *rapport*, ou acolhimento inicial a partir do percurso escolhido, do tempo que estava de acordo com o combinado e das alternativas que havia encontrado para chegar.

Então, George me falou brevemente de sua história – como se realizava no dia a dia familiar, com amigos e no trabalho, e de como chegou à decisão de buscar ajuda. Um amigo havia mencionado que seria muito bom ele contar com um profissional nesse momento de sua vida.

"Bem, na verdade, eu quero viver. Por isso estou aqui", ele concluiu.

E, de súbito, me dei conta da responsabilidade do caminho com um ser humano que foi colocado subitamente diante de uma realidade tão plausível quanto é a morte em nossa vida.

Sabia que naquele momento estaria adentrando um lugar também dentro de mim – como coach na abordagem sistêmica, em que há possibilidades de perdas e grandes transformações tanto na morte física quanto nas mortes cotidianas. As revisitas seriam inadiáveis e indubitavelmente necessárias. E, sabendo que assim vivenciamos o arquétipo da alteridade, do qual fala Carl Jung: quando pensamos que curamos o outro, estamos também curando a nós mesmos.

Acolhendo com gratidão e perseverança a jornada com George, eu disse:

"Teremos um exercício conjunto pela frente, em parceria constante e revendo as possibilidades desta jornada chamada vida em todas as suas dimensões pessoais, sociais e familiares. A partir de um propósito, vamos traçar objetivos e metas num plano de ação que possa ajudá-lo a rever como reencontrar mais tranquilidade e serenidade em sua vida cotidiana."

"Preciso curar meu coração", ele completou. Ele havia tido como *insight* a palavra Paz.

"Sim, trazendo Paz ao seu coração", completei, percebendo a ressonância da vontade lá no fundo de sua alma.

E, assim, iniciamos juntos uma jornada com um propósito

bem focado, mas ao mesmo tempo profundo em sua dimensão de vida e desafiador na dimensão da saúde integral, sempre uma oportunidade única, permitindo vivenciar honra e gratidão em um trabalho que engrandece a alma.

Seguimos o trajeto por um ano no coaching de vida, inicialmente com encontros semanais, depois, quinzenais e mensais.

Destaco três momentos importantes. O primeiro foi quando relatou espontaneamente um sonho no início do processo que mostrava como se sentia: ele trilhava um caminho árduo e sozinho, era uma subida íngreme, de terra e pedregulhos, na qual enfrentava intempéries, mas avistava ao longe uma bela floresta, ainda impedida e proibida de alcançar pela distância e pela dificuldade do meio; tomou consciência de sua integridade e sua coragem de estar ali, iniciando o processo e enfrentando o desconhecido.

O segundo foi um passo importante: reconhecer, com um presente e um poema, a gratidão pelo cuidado constante de sua esposa durante sua primeira internação e na sequência de ajuda de que tanto precisou; viveram a emoção do encontro, do gesto e das palavras.

E, finalmente, o terceiro momento, quando ao final do processo, já com ações cotidianas exercitadas de estar mais junto da família, brincar mais com os filhos, relaxar mais, até mesmo no trabalho, no qual responde com competência e bom desenvolvimento, relata mais um sonho. Dessa vez também está em trânsito, mas na cidade, sentindo-se seguro e com pessoas à sua volta com quem pode contar.

"Penso que é a vida que continua e, agora, já mais aliviada de tanta preocupação e solidão!", finaliza George.

"Assim é, podemos olhar a vida e vivê-la bem mais aliviados", completei.

Na abordagem sistêmica, além dos exercícios, das meditações e dos jogos, valorizam-se a continuidade e a importância do percurso que o coachee vai desenhando e aproveitam-se todos os conteúdos que ele vem trabalhando e registrando em seu diário de bordo.

POEMA 2
AUSÊNCIA, Carlos Drummond de Andrade

"Por muito tempo achei que a ausência é falta. E lastimava, igno-
rante, a falta.
Hoje não a lastimo.
Não há falta na ausência.
A ausência é um estar em mim.
E sinto-a, branca, tão pegada, aconchegada nos meus braços, que
rio e danço e invento exclamações alegres,
porque a ausência, essa ausência assimilada, ninguém a rouba
mais de mim."

Reflexão:
Qual é a inspiração desse poema?
Como você tem lidado com as ausências?
E como tem ligado os pontos de sua história?

O caminho do meio:
Aprofundando o conteúdo e o percurso no processo

> "Quem sabe direito o que uma pessoa é? Antes sendo: julgamento é
> sempre defeituoso, porque
> o que a gente julga é o passado."
> Guimarães Rosa

Saulo chegou com firmeza e determinação em nosso primeiro encontro. Empreendedor na carreira profissional e excelente solucionador de problemas como todo bom profissional da área técnica, estava num momento de vida bem avassalador, no qual havia perdido um familiar muito próximo e querido e sido surpreendido pelo pedido de divórcio. Já fazia terapia, mas queria algo que pudesse ajudá-lo mais efetivamente em sua dor emocional.

"Não vou permitir que essa separação me leve para o fundo do poço. Quero me reequilibrar logo e não sofrer tanto. Tive essa indicação como possibilidade e tenho disposição para iniciar esse processo", ele disse com clareza e convicção.

"Agradeço a atenção e a confiança iniciais, mas gostaria de apresentar meu trabalho e o que podemos esperar como resultado", completei, iniciando o *rapport* e apresentando a abordagem e a forma como poderíamos prosseguir.

Nos primeiros encontros, relatando sua história, em vários momentos, seus olhos lacrimejavam, mas sua expressão e suas palavras eram mais de raiva e ressentimento, não deixando muita margem para a tristeza e a reparação do encontro.

Saulo desenhou um propósito ousado e de curto prazo, pois estava realmente disposto a deixar para trás esse capítulo de sua vida de casado e sem filhos de quase uma década, embora muito decepcionado com a ex-esposa – causadora, segundo ele, de todas as dores emocionais e males financeiros em sua vida atual.

No decorrer do processo de coaching, aprofundando exercícios e jogos, foi encontrando a empatia como parceira na vida, por meio dos amigos, dos colegas e dos familiares. E se sentir acolhido e compreendido o ajudou no enfrentamento da situação atual.

Numa de suas atividades entre os encontros, estudou um texto sobre o desenvolvimento humano que abordava justamente a capacidade empática do ser humano. O texto discorria sobre as fases de identificação com diferentes arquétipos, o que nos posiciona ora mais expressivos e dinâmicos, ora mais ouvintes, integradores e compreensivos na vida e nos relacionamentos. Solicitou uma sessão extra e começou:

"Compreendo o que aconteceu com nosso relacionamento no casamento. Estive identificado o tempo todo com uma postura receptiva, e ela sempre determinando regras e decisões – mesmo quando não concordava, eu assumia que seria melhor assim do que o enfrentamento do conflito. Dessa forma, alimentei a infantilidade nessa relação, e, diante do primeiro obstáculo, ela preferiu se retirar. Eu, talvez, já não fizesse falta, pois não me posicionava como deveria ou gostaria."

No decorrer da sessão, discutimos a importância de exercitar a empatia em nossa vida. Mas ela só é possível quando passamos a olhar integralmente para dentro de nós mesmos. E era isso que o coaching vinha lhe proporcionado por meio de um novo olhar para a sua vida. Seus olhos lacrimejaram, mas agora de emoção por compreender o que se passou em seu relacionamento e com a mulher com quem viveu por quase uma década.

A palavra e o *insight* que se sucederam na sessão foi Integridade. Acima de tudo, integridade consigo mesmo, em que o outro espelha sombras que são nossas. E é preciso coragem para desbravá-las, encará-las e compreendê-las para que um novo passo seja dado.

A partir daí, um plano de ação de curtíssimo prazo cedeu lugar a um plano dinâmico e desafiador, ampliando sua perspectiva de vida em suas várias dimensões.

Nesse exemplo, como não poderia deixar de ser, ressalto a importância da profundidade da dinâmica sistêmica e fenomenológica em permitir que o coachee descubra seus caminhos internos no seu próprio tempo. Assim como lagarta e borboleta, se apressados os passos, poderá se tornar mais frágil e não resistir às curvas do caminho. As pessoas seguem por trajetos similares, mas em intensidade e profundidades distintas. Se não respeitamos essa profundidade, podemos impedir o seu caminho de plenitude.

POEMA 3
LEMBRETE, Carlos Drummond de Andrade

" Se procurar bem você acaba encontrando. Não a explicação (duvidosa) da vida,
Mas a poesia (inexplicável) da vida."

REFLETIR:
- Como você tem integrado o seu coração à razão?
- E de que modo tem aproveitado as lições que integram e ajudam a ver a vida de referenciais diferentes daqueles já aprendidos?

Quando a assertividade demora para se expressar

"Tudo, aliás, é a ponta de um mistério, inclusive os fatos. Ou a ausência deles. Duvida? Quando nada acontece há um milagre que não estamos vendo."
Guimarães Rosa

E assim foi que aconteceu com Henrique, 27 anos, chegando de modo retraído para um primeiro contato que o ajudasse a decidir-se, então, pelo processo de Coaching de Vida. Embora objetivo e focado, não compreendia porque tinha dificuldade de expor sentimentos e ideias, fosse com familiares, amigos ou colegas de trabalho. Falava o mínimo necessário e isso já o impedia aprofundar relacionamentos e limitava-o profissionalmente.

Decidiu-se pelo Coaching de Vida por referências e vontade de vivenciar o processo, que acreditava poderia vir a ajudá-lo nesse momento da sua trajetória. Tinha muitos sonhos e projetos e não se via com segurança e confiança suficientes para alcançá-los.

E este foi o mote para seu propósito de alcance e iniciamos assim seu processo, que envolveram atividades de leitura e filmes, conversas, e exercícios de *feedbacks,* meditação, atividades físicas, música e poesia.

Trabalhamos um poema de Drummond:

" Tenho dificuldade de entrar numa sala cheia de gente e dizer qualquer coisa. Não gosto. Não gosto de fazer conferência. Não gosto de discurso, não tenho a empostação de voz necessária, não tenho a presença de espírito. Geralmente, tenho respostas muito boas em 24 horas depois."

Resgatou vivências de *bullying* que sofreu na adolescência, a introspecção e os medos daí decorrentes, a dificuldade de compartilhar na própria família e a timidez recorrente do momento presente. Aconteceu que teve a companhia de um colega estrangeiro em seu ambiente de trabalho nessa época e que muito o incomodou, pois logo tornou-se referência no ambiente com os amigos pela eloquência ao falar, inteligência nas ideias, facilidade em estabelecer novos contatos, além de sobressair-se pela segurança e autoconfiança. Ou seja, muito do que Henrique sentia falta em si mesmo. E por isso passou a repudiar o colega recém-chegado, muito por suas observações pessoais, e menos por qualquer ato que tivesse ocorrido contra sua pessoa.

Na conclusão de duas sessões, onde foi recorrente comentar sobre a admiração pelo colega em contrapartida com tudo o que não percebia em si mesmo, levou como desafio aproximar-se dele e conhecê-lo melhor e de fato. Assim feito, a conclusão que chegou foi de algumas semelhanças interessantes em suas histórias de vida – como o fato de serem dedicados, honestos, estudiosos e com muita vontade de desenvolver-se.

Concluída a tarefa, compreendeu diferenças de percursos, mas muitas semelhanças na maneira de ser, e já não fazia mais sentido a comparação com o outro, senão a comparação consigo próprio em seu caminho de altos e baixos. Compreendeu a longa jornada, de onde partiu e onde já havia chegado. Sua assertividade o havia direcionado com consistência e cautela até aquele patamar na vida e estava feliz.

Assim pode transitar com fluidez e maior domínio sobre seus objetivos, assim como maior expressão de sua autoconfiança e autoestima.

E ele concluiu sua avaliação ao final do processo:

"...É um ciclo contínuo de crescimento onde avaliamos como estamos, onde queremos estar... Percebo a completude deste processo pela vivência que tive... É mais profundo e toca nos recônditos da alma. Foi muito proveitoso e recomendo a todos com este desejo de se conhecer e crescer como indivíduo."

POEMA FINAL: PARA INSPIRAR E COMPREENDER
ACONTECIMENTO, Vinicius de Moraes

"Haverá na face de todos um profundo assombro
E na face de alguns, risos sutis cheios de reserva.
Muitos se reunirão em lugares desertos
E falarão em voz baixa em novos possíveis milagres.
Como se o milagre tivesse realmente se realizado.
Muitos sentirão alegria
Porque deles é o primeiro milagre,
E darão o óbolo do fariseu com ares humildes.
Muitos não compreenderão
Porque suas inteligências vão somente até os processos,
E já existem nos processos tantas dificuldades... Alguns verão e julgarão com a alma,
Outros verão e julgarão com a alma que eles não têm,

> Ouvirão apenas dizer... Será belo e será ridículo.
> Haverá quem mude como os ventos
> E haverá quem permaneça na pureza dos rochedos.
> No meio de todos eu ouvirei calado e atento, comovido e risonho,
> Escutando verdades e mentiras,
> Mas não dizendo nada.
> Só a alegria de alguns compreenderem bastará, Porque
> tudo aconteceu para que eles compreendessem
> Que as águas mais turvas contêm às vezes as pérolas mais belas."

Conclusão

Graf Dürckheim, diplomata alemão e doutor em psicologia, fala de uma experiência de profundidade que existe em todo ser humano, quando diante de uma vida normal, de repente se decide mudar. Uma experiência que implicará sempre em travessias de sombra e luz. Ou seja, com momentos de alegria e compartilhamento, mas também de sofrimento e solidão.

Nesse sentido, o processo de Coaching de Vida se insere atuando como uma rota onde escolhemos uma parceria envolvida e caminhando junto no processo, caracterizando a relação Coach-Coachee.

E essa rota se inicia quando nos deparamos, muitas vezes, com a descoberta de algo profundo e relacionado à nossa essência. Não podemos continuar fazendo mais do mesmo, algo precisa ser feito e transformado. Não podemos continuar seguindo da mesma forma. A vontade é de ampliar, expandir, crescer e transformar.

E que seja, então, uma boa rota. Uma boa travessia. E que aproveitemos ao máximo a qualidade do caminho. Até porque o caminho continua. Só que mais consciente. Neste momento há o retorno para a vida cotidiana e a integração do nosso ser mais presente e pleno na realidade do dia a dia. E agora sabemos como podemos contar com o acompanhamento de um Coach.

> "... o mais importante e bonito do mundo, é isto: que as pessoas não estão sempre iguais, ainda não foram terminadas – mas que elas vão sempre mudando." Guimarães Rosa

5

Propósito: o início de um futuro brilhante

"Com tantas opções e caminhos disponíveis, não é de se admirar que encontremos pessoas dizendo-se 'perdidas no mundo', certo? – Errado! As opções estão a nossa volta para serem escolhidas por nós. Conhecer a si mesmo é o que pode garantir assertividade e sucesso."

Juliana Muniz

Juliana Muniz

Farmacêutica por formação e praticante, profissional dedicada e empenhada em processos de inovação, melhorias e implementação de mudanças. Sua atuação em programas e projetos que tocavam em temas como mudanças culturais, desenvolvimento e melhoria de processos gerou a necessidade de uma formação específica voltada ao coach. Sempre considerou a mudança um processo vital a tudo e a todos, e, portanto, a formação em Coach Pessoal e Profissional encaixou-se perfeitamente em seu propósito de vida, "promovendo movimento, mudança e transformação para impulsionar alta performance", o que fez com que ao longo dessa caminhada tivesse a oportunidade de atuar em cases de sucesso nessas duas áreas.

Contatos
www.sbcoaching.com.br/ocoach/juliana-muniz
julianamuniz.coach@gmail.com
(11) 98922-2858 / (11) 3774-9326

Por que algumas pessoas têm sucesso em tudo o que fazem, ao passo que outras sentem como se estivessem sempre procurando algo? É como se estivessem esperando algum grande acontecimento do Universo, para então entrar em ação. "Quando eu tiver isso, vou fazer aquilo."

Estamos constantemente confundindo sonhos, desejos e objetivos com o motivo pelo qual temos vontade e prazer de nos levantar todos os dias e realizar algo.

É claro que somos todos movidos por essas forças internas, porém o que nos diferencia e nos impulsiona rumo ao sucesso é nosso propósito. Este sim nos direciona e dá sentido a nossa busca constante por realizar sonhos e metas com alto desempenho.

O propósito é o motivo pelo qual nos movimentamos sempre, é o que nos faz sentir vivos e é o que nos permite ter prazer e sentir felicidade em atingir objetivos. Entender nosso propósito nos permite fazer tudo da melhor maneira sempre, porque entendemos o porquê de estarmos fazendo tudo.

É como se o mais importante de uma corrida não fosse a vitória, pois o percurso já alimenta e satisfaz o seu propósito. O trajeto representa o prazer de correr e superar-se sempre. A medalha final representa a coroação de uma conquista que já o faz feliz por si só.

Quando entendemos qual é o nosso motivo, conseguimos transformar qualquer atividade que executamos em algo que busque o cumprimento de nosso propósito, e, sendo assim, não há como não obter sucesso.

Como então descobrir essa fórmula mágica para vencer? Como fazer com que o meu motivo me impulsione e se transforme em ação?

Essa resposta não é muito simples nem tampouco mágica, mas é real e existe dentro de cada um de nós!

Frequentemente me surpreendo com o retorno e as descobertas feitos durante ou após as sessões de coaching, e, quando isso acontece, me dou conta de que meu papel nesse processo é ser apenas o condutor, o catalisador e a faísca para despertar algo que todos temos dentro de nós: um propósito.

Digo "apenas" porque esse é um papel mínimo perto do que os clientes (coachees) apresentam como retorno.

Todas as pessoas possuem internamente as ferramentas e os recursos necessários para agir e ter sucesso em sua vida, e é incrível perceber que, com um pouco de provocação e estímulo, todos, sem exceção, conseguem superar expectativas e atingir resultados de forma fantástica.

Não precisamos buscar externamente motivações ou recursos para agir e conquistar tudo o que queremos; precisamos é aprender como entender a nós mesmos e usar nossas forças internas para atingir o sucesso.

Um ponto importante de nossa busca e conquista por resultados extraordinários é descobrir e entender "o que" se está buscando, ou seja, ter metas e objetivos claros e tangíveis, a fim de atender a nossas demandas e desejos internos.

Ter um objetivo claro e bem definido significa sempre seguir em frente e não paralisar diante de obstáculos e dificuldades que, com toda certeza, estarão em nosso caminho.

Nesse caso, então, o propósito é o instrumento pelo qual agimos e deixamos nossa marca no mundo. Esse é o nosso legado, é o que diz a que viemos, é a nossa contribuição a tudo e a todos a nossa volta.

Os objetivos e as metas, por sua vez, nos permitem entrar em ação, avançar em direção às conquistas e colocar um pouco de realidade e estratégia palpável em um movimento que ainda pode nos parecer etéreo demais.

O que nos distancia do sucesso é a coordenação entre motivo, objetivo e conquista. Essa conexão fará toda a diferença entre as pessoas que têm planos e àquelas que realizam planos.

Isso me leva a apresentar três fatores que julgo essenciais para uma trajetória de alto desempenho e resultados extraordinários. São eles: autoconhecimento, planejamento e ação.

O nosso propósito faz parte de uma etapa de autoconhecimento, e descobrir isso significa conhecer a si mesmo.

Nessa fase entram respostas a perguntas importantes, como: "O que eu tenho? Do que eu gosto? O que eu quero? O que eu faço bem? O que eu valorizo? O que eu gostaria de obter? Pelo que as pessoas me reconhecem? Do que não abro mão? O que é importante? Do que eu não gosto? O que me faz mal? Por que isso ou alguém não me agrada?" As respostas a essas perguntas, organizadas entre si, nos levam a descobrir o que queremos fazer, como vamos fazer e por que vamos fazer!

Explorar essas questões internamente é um trabalho duro e muito difícil, mas o retorno é tão grandioso e esclarecedor que todo o resto lhe parecerá muito simples.

Talvez uma forma mais fácil de realizar esse processo seja pensar sobre essas perguntas e suas respectivas respostas de maneira isolada, sem tanta preocupação em saber tudo de uma vez, conferindo-lhes a urgência e o foco devidos, dada a importância dessa descoberta, mas com a leveza e a tranquilidade de um processo lento de conhecimento interno. Se você não tem essas respostas até hoje, que tal vivenciar o prazer de se conhecer sem colocar mais um motivo de ansiedade em seu caminho?

Tenha conversas importantes consigo mesmo, tome nota de sensações e percepções, entenda o que acontece e quando acontece, aprenda do que gosta e do que não gosta e saiba decifrar seus sinais internos.

Você é o único *expert* em você mesmo e possui recursos próprios e suficientes para agir e solucionar todos os problemas.

Nesse processo você deve se autoguiar, entender o que cada uma dessas perguntas e suas respostas representam e colocá-las em ordem lógica, de maneira que consiga identificar em sequência o que quer; que recursos possui para essa conquista e o que pretende atingir com isso.

A frase ou o texto resultante desse diálogo deve representar todas as coisas que você julga fazer bem, seus talentos, o que e quem tem importância para você, o que entende ser sua missão de vida e aonde pretende chegar com isso.

Procure sempre fazer anotações e escrever todas as reações e sensações que passam em sua mente. Use suas experiências anteriores e pergunte-se como se sentiu, por que gostou ou não de algum momento, e isso o ajudará a juntar as peças desse quebra-cabeça.

A ordenação das respostas será seu guia para descobrir informações importantes a seu respeito, e, quando tudo se encaixa, aprendemos qual é a diferença que viemos trazer a este mundo; aí sim estamos prontos para fazer nossas escolhas, mas não da forma como fizemos até este momento; a partir de então, estaremos preparados para fazer escolhas conscientes, focadas e estruturadas, de maneira a atingir exatamente aquilo que queremos. Escolhas feitas dessa forma têm um motivo de ser, têm um propósito racional e, portanto, têm motivação para serem feitas.

Faça o seguinte: olhe para o que você tem hoje e, ao fazer essa avaliação, você deve perceber a importância de suas decisões do passado e quanto elas determinaram quem você é hoje. Se essa percepção não lhe agrada nem lhe traz a sensação de completa satisfação, é porque talvez, em algum momento, suas escolhas tenham deixado de ser conscientes e podem ter se desencontrado com o seu propósito maior.

O que pode nos ajudar a avaliar se estamos no caminho certo é olhar para o que estamos realizando e colhendo de nossas ações e perceber se esse "retorno" está nos permitindo viver e atuar em conformidade com nosso propósito.

O mais interessante, porém não surpreendente, é nos darmos conta de que, quando nos sentimos incomodados, infelizes ou desmotivados com nossas ações e realizações, é porque de alguma forma nosso propósito não está sendo atendido. Nós nos sentimos feridos quando realizamos algo que vai contra aquilo em que acreditamos ou contra aquilo que queremos atingir. Mas só sabe disso quem tem um propósito identificado, claro e definido.

Uma informação útil neste momento é o fato de que, ao longo da vida, nossos valores podem ser alterados, nossas necessidades com toda certeza mudam com o passar do tempo e nossos desejos também, por isso nossos objetivos ou até mesmo nosso propósito podem e devem sofrer ajustes à medida que avançamos na vida, e isso não é ruim; ao contrário, faz parte do processo e é natural e saudável que aconteça.

Aprendemos algo novo a cada dia, incluímos em nossa vida novos desafios, sonhos, pessoas e experiências. Toda essa carga de novidades nos transforma, nos enriquece e nos mantém em movimento.

Sendo assim, nossas prioridades estão constantemente alternando e, com elas, as nossas escolhas. Saber aonde estamos indo e como vamos é essencial, e essas alterações ficam fáceis e claras quando nos conhecemos, porque aí não é mais questão de se descobrir, e sim de receber sinais e interpretá-los, transformando-os em algo real e tangível.

Quando nos percebemos dando prioridade a coisas diferentes, é sempre importante entender e estar atento para identificar se não se trata de um desvio de nosso propósito e nossos objetivos ou é uma nova necessidade que deve ser interpretada e atendida.

Nos últimos anos, percebi que incluir novas prioridades, desejos e mudar a rota da vida não é tão difícil quando estamos acostumados a "discutir" as razões e os motivos internamente.

Frequentemente devemos avaliar essas novas necessidades, pois a tendência é de que, ao longo da vida, tenhamos mais informações e bagagem para complementar o plano original, melhorando-o com novas descobertas. Assim, o plano vai tomando forma e incorporando novos "achados", e esperamos que ele nunca esteja completo e sempre tenhamos espaço para incluir algo mais!

A constatação da importância e da preciosidade do autoconhecimento abre caminho para o segundo fator a ser discutido neste texto, "a estratégia para controlar as rédeas da vida": o planejamento.

Tudo o que foi colocado até o momento é de extrema importância e é a parte mais difícil do caminho rumo ao sucesso.

No entanto, qualquer propósito que se preze tem objetivos e metas bem definidos.

Os objetivos transformam em ação tudo aquilo em que acreditamos, valorizamos e desejamos. Eles são as pequenas "tarefas" que queremos realizar para colocar em prática o nosso propósito e entregarmos ao mundo aquilo que queremos e sabemos, retirando disso tudo os benefícios e os méritos que buscamos.

Cada objetivo, por sua vez, precisa de metas, especificações, prazos e prioridades – um pequeno segredo para que possam ser reconhecidos facilmente e cumpridos com excelência.

Um fato importante é que devemos perceber que podemos realizar nosso propósito de várias formas. Muitas vezes vamos verificar que passamos a encarar nosso trabalho, nossos colegas e até nossos feitos de maneira muito diferente apenas por nos darmos conta do motivo de estar nesse emprego, com esses amigos e realizando essas atividades.

A excelência na vida vem justamente dessa percepção, não é uma descoberta para mudar tudo, mas uma constatação dos motivos que temos para ser e agir, e com isso somos melhores, temos motivação e razão para ser cada vez maiores no contexto de nossa vida.

Uma vez estabelecidos todos esses pontos, que são provenientes de nosso propósito, de nossos sonhos e de nossos desejos, é preciso organização. Sim, organização!

Infelizmente para nossos amigos "bagunçadinhos", na vida também precisamos de organização. Não estou pregando uma vida previsível, com passo a passo definidos e sem surpresas, até porque não acredito que isso exista. Estou falando de identificar as ações necessárias para o atendimento de metas e objetivos, avaliar o que é necessário para chegar ao ponto desejado, avaliar os riscos e visualizar o que pode dar errado; em outras palavras, planejar as ações necessárias para chegar lá e sentir-se satisfeito e realizado por sua conquista.

Novamente, uma boa dica nesse caso é identificar e tomar nota das ações que deve realizar. Escrever é fundamental, pois ajuda-nos a visualizar e interpretar aquilo que está em nossa mente. Escrever um texto, alguns pontos ou rabiscos, não importa; o importante é escrever e ler aquilo que se pensa, racionalizar e entender!

Depois disso, podemos priorizar ou organizar em ordem cronológica essas ações. Finalmente, devemos, então, prever obstáculos e dificuldades e, literalmente, imaginar o que faríamos se algo der errado!

Nesse caso sonhar é sempre uma excelente ferramenta. Sonhar com tudo dando certo, imaginar o que poderia dar errado e inventar o que poderia ser feito no lugar, isso tudo faz parte de um planejamento e nos prepara para as contingências da vida.

Um planejamento envolve entender o nosso propósito e, na sequência, identificar como queremos agir com ele, o que queremos conquistar e até onde queremos ir.

Depois disso, é muito importante tornar os objetivos claros e mensuráveis, observando quando queremos atingir metas, como saberemos que atingimos e que recursos seriam necessários para tal realização.

Quando organizamos tudo isso de maneira cronológica, construímos uma linha do tempo que pode nos dizer o que devemos fazer em primeiro lugar, em segundo e assim por diante.

Vou usar um exemplo para tornar esse passo mais claro.

Suponha que uma pessoa esteja querendo emagrecer e identifica que esse objetivo tem grande valor para si. Ela apresenta atributos e habilidades que a tornam capaz de correr atrás desse objetivo e visualiza benefícios e motivadores para alcançar essa conquista.

A pessoa estabelece então metas para alcançar esse objetivo, determinando o prazo, quanto deseja perder em quilos, que possibilidades existem para realizar essa tarefa e de quais recursos precisaria. Finalmente, essas metas compõem um plano e são traduzidas em tarefas, como: 1. Procurar ajuda médica; 2. Encontrar uma academia que ofereça atividade de que gosta e com valor acessível; 3. Criar um plano de exercícios; 4. Registrar peso atual; 5. Construir um cardápio saudável, etc.

Assim, é elaborada uma lista de tarefas e atividades a serem cumpridas até que as metas sejam atingidas.

Nesse caso hipotético, o mais importante é perceber como o objetivo final foi quebrado em pedaços, com cada etapa tornando-se um passo para a próxima, construindo, assim, um caminho até a conquista final.

Essa forma de organização nos dá a impressão de dividir um grande objetivo, que parecia impossível de alcançar, em pequenas ações, que nos ajudarão a encontrar o todo em um futuro próximo, o que nos permite controlar a ansiedade e os pensamentos negativos que podem surgir durante o percurso.

Esse processo de organização tem um resultado muito importante em nível de consciência e percepção, pois conseguimos nos motivar cada vez mais à medida que as pequenas tarefas vão sendo realizadas e percebemos gradualmente que a meta é possível de ser conquistada.

Outro fator importante é o fato de diluir as ações em pequenas partes. Assim, caso algo não saia como esperado, fica mais fácil lidar com um "plano B" para uma etapa individual, em vez de encarar uma mudança radical em um objetivo que já lhe parecia muito difícil de ser alcançado.

Saber o seu propósito e planejar-se para entrar em ação não significa se fechar para o mundo, seguir uma linha única ou mesmo ignorar o que acontece a seu redor. Ao contrário, significa estar preparado para ultrapassar obstáculos, contornar problemas e aproveitar oportunidades.

Muitas vezes dizemos que não temos oportunidades, que nos falta sorte ou "contatos importantes", mas o real problema é que, se não sabemos o que queremos, quando queremos e por que queremos, não conseguimos enxergar as possibilidades que nos são apresentadas, muito menos percebê-las como oportunidades.

A pergunta importante aqui é: "Será que você estará preparado para dobrar a esquina, mudar sua rota ou aproveitar uma oportunidade quando o momento chegar?". Nenhuma nova possibilidade manda telegrama, carta ou e-mail, avisando quando estará chegando, ela simplesmente passa, e você a agarra, fazendo dela instrumento de seu propósito e seu objetivo.

Neste ponto do texto, já sabemos por que estamos aqui, temos um propósito. Sabemos o que queremos e quando queremos, temos objetivos e metas. Organizamos as ideias de forma a planejar que passos são necessários para atingir objetivos da melhor forma possível e temos motivação, pois reconhecemos os benefícios e os motivos pelos quais estamos trabalhando.

Agora sim estamos prontos para agir!

Meu último conselho nesse caso é: "Não tenha medo de sonhar alto", queira sempre mais e esteja preparado para conquistar muito!

O que está a nossa frente é sempre muito intenso, grandioso e brilhante, pois a força interna que ganhamos ao encontrar o nosso motivo de vida e também as repostas para as perguntas que frequentemente temos em nossa mente é o combustível para conquistas muito maiores do que jamais planejamos.

Esse é o meu presente para você. Espero que aprecie, aproveite e perceba um mundo de oportunidades abrindo-se a sua frente.

6

Coaching para a superação

Neste capítulo vou apresentar de maneira simples e direta a importância de fortalecer sua autoestima, buscar o autoconhecimento, reforçando pilares importantes na construção de uma vida de sucesso, produtiva e feliz. Sua consciência e a percepção de si mesmo e de sua realidade não serão mais as mesmas. E tudo isso porque, a partir de agora, você vai dar atenção especial aos pilares básicos de sustentação de vida; sua autoestima e saber quem você é (AUTOCONHECIMENTO), lidar com seu EU interior serão suas forças, que juntas trabalharão levando você rumo ao sucesso

Mariana Torres

Mariana Torres

Formada como Personal Professional Life Coaching pela Sociedade Brasileira de Coaching (SBC) e Coaching Integral sistêmico e Master Coach pela Federação Brasileira de Coaching (Febracis). Atua na área Life ou Businesses. É Psicoterapeuta Reencarnacionista formada pela ABPR (Associação Brasileira de Psicoterapia Reencarnacionsta). Terapeuta de Vidas Passadas e Instrutora de Hatha Yoga e Deeksha Guiver, formada pela Humaniversidade de São Paulo. Empreendedora digital, encontrou essa maneira de disseminar seu conhecimento e de outras parcerias através de info-produtos digitais. Sua Missão é colaborar com o Universo no desenvolvimento humano em questões que envolvem o despertar da consciência, reforma íntima e quebra de padrões, abrindo assim espaço para que a versão espírito aflore e traga a possibilidade de uma vida com propósito e paz nas relações humanas, através do Mentoring, Master Coaching e da Psicoterapia, saiba mais entrando em contato.

Contatos
www.marytorres.com.br
contato@marianatorrescoach.com
Facebook: Mary Rodrigues (Siga-me nas redes sociais)
Instagram: Master Coach & Psicoterapeuta
(11) 98984-3139

Desde que o mundo é mundo superamos muitas crises em toda a história da humanidade. E sem elas é fato que a realidade de hoje não seria possível. Creio que do caos surge a ordem e coloco sempre essa crença na linha de frente, para que, assim, eu me torne a protagonista de minha história, aquela que não foge dos problemas, que olha com a máxima verdade na busca da solução. Assim, decido se vou sofrer ou resolver o que me aflige.

Com coerência e consciência opto pela resolução da questão. Depois de resolvidos os problemas, eis que surge a ordem. E caso seja algo que não consiga resolver, indago: O que tenho que aprender com isso? Utilizo a máxima verdade e busco a compreensão da situação. Quando chego ao entendimento, busco amenizar a ocorrência. E pergunto; como fazer para que, então, isso não me incomode tanto, e eis que surge ela novamente, a ordem.

O primeiro e grande passo para que essa postura seja um hábito em sua vida e se torne realidade, é fortalecer a sua autoestima, pilar essencial para o reconhecimento do EU SOU, só após isso, é possível implementar as mudanças de hábitos, a quebra de paradigmas e a desconstrução das crenças limitantes.

Fortalecendo bem essa base, você permitirá que outras bases também sejam alicerçadas, como a da autoconfiança, segurança, coragem, etc. Promovendo bem-estar, equilíbrio, autocontrole e, por fim, a plenitude. Junto às crises uma onda de pensamentos e energias negativas tomam conta dos pensamentos e emoções dos seres humanos.

Então, como filtrar essas ondas negativas? Como manter uma mente saudável e equilibrada? Como me sentir bem com tantos desafios pela frente? Muito são os questionamentos.

Tenho o hábito de identificar perfis comportamentais quando estou a caminhar, isso me ajuda profissionalmente, encontro muitos olhares perdidos, medo, angústia, vazio, insegurança, são as constatações físicas que encontro a caminhar por aí. Sem julgamento nenhum, só constato, olhando a postura física e expressão facial. A expressão "O mundo jaz no maligno"

– encontrada em 1 João 5.19, remete à importância de manter a positividade no padrão comportamental, mas não é o que vejo comumente ao caminhar.

Quando busquei o Coaching como estilo de vida, estava assim também, perdida, sem rumo, baqueada, sem saber o que fazer, porque fazer, como fazer. Só tinha a certeza que a vida que vivia não era o que eu queria mais viver. Foi quando me deparei com um *banner* na internet que anunciava um curso de formação em Coaching. Não sabia o que era, então fui buscar entender. Amei o que encontrei e dei um *Start* naquilo que seria uma recolocação profissional, na verdade era a construção de uma nova pessoa, a minha busca de propósito se iniciou e eu nem me dava conta do que o futuro me reservara.

Vários foram os próximos passos dentro do universo do Coaching, um dos principais foi o encontro do nicho de atuação, passei um ano correndo em círculos, buscando a área em que iria atuar. Só pude estabelecê-la quando parei e revi minha história de vida. (E esse é um passo importante dentro do meu Processo de Coaching para Fortalecimento da Autoestima). Nela encontrei as respostas e a estrutura do meu processo.

Em muitas das desconstruções de minha vida, a mais importante se deu quando resolvi olhar para mim, primeiramente as mudanças físicas, como vaidade, cuidados com meu corpo e estética, alimentação e depois reestruturação emocional, foram muitos processos. Até que pude me deparar com o amor-próprio, com o autorrespeito, as definições de prioridades, enfim, um ano dedicado no meu desenvolvimento pessoal e libertação do EU-Interior. Sem coaching, terapia e nada parecido, não porque eu não quis, mas porque não tinha conhecimento da importância desses profissionais na vida de alguém. Meu Processo de lapidação foi como o de qualquer pessoa. Muita pancada até se tornar joia preciosa.

Rever minha história me colocou diante da minha profissão, e posso confessar que uns dos meus momentos de existência e plenitude se dá quando estou em atendimento e vejo na minha frente surgir a essência de um ser humano. Quando percebo aflorar a felicidade e o reencontro, isso me revitaliza, me inspira, me enaltece, me embriaga de amor e paz. Me traz a compreensão das dores vividas em minha jornada, me coloca à frente da minha vida como ser racional e espiritual que sou.

Consigo ter existência, entendo minha missão e vivo com propósito, é isso que sempre busco levar para meus coachees e para o mundo. A vontade de expandir isso se amplia em cada *case* de sucesso, penso quantas vidas podem se beneficiar com o processo de Fortalecimento da Autoestima? Com os resultados que ele proporciona na vida de cada um e como ele se expande através dessas vidas impactadas?

Foi aí que percebi que dava para fazer mais, por mim e pelo mundo, entrei em imersão de conhecimento, busquei estudar outras técnicas para afunilar esse processo. Construí então um processo de coaching único que utiliza a inteligência emocional, conceitos da yoga, estudos dos Vedas, entre outros. Reforcei meus estudos acerca da autoestima com o psicoterapeuta Nathaniel Branden, que tem excelentes livros e conteúdos publicados com essa temática. Acrescentei, é claro, um ingrediente valioso chamado experiência de vida e encontrei minha razão de servir no mundo.

Toda e qualquer superação de obstáculos se antecede do contato com suas forças internas e, para isso, é necessário primeiramente entrar em contato com seu EU interior, descobrindo assim pontos importantes a serem reestruturados, restaurados ou simplesmente descobertos. Muitas vezes você tem forças e qualidades que nem julgava ter, mas elas estão aí como botões que somente esperam ser acionados. Como fazer isso?

Digo que é um processo que pede paciência e determinação. Nem sempre todos aceitam esses dois desafios, mas quando aceitam se surpreendem com os resultados. Silenciar sua mente e ter uma conversa franca e sincera com seu mais íntimo ser. Quando isso se torna hábito, você detém o poder da maior fonte de superação de desafios, se mune de pensamentos e emoções negativas e contrárias, se empodera, torna-se autor de sua história de vida.

Esse hábito quando inserido em sua rotina te aproxima e cria uma aliança de vida com a Autoestima. Fortalece mais e mais essa relação consigo mesmo. Meditação é o nome desse processo. E, para isso, você precisa se esvaziar de si mesmo, do seu "eu" do momento, e escutar o seu EU eterno, aquele que habita em você pela eternidade. É essa a voz que você deve aprender a escutar; treinar, treinar e treinar para ouvi-la até chegar à maestria da ação. Essa voz está totalmente atrelada ao seu consciente emocional e racional, sabe de tudo que permeia seu inconsciente, sabe de todo o seu temperamento, de suas virtudes e seus defeitos. Esse "Eu" tem ligação direta entre seu EU espírito e a força maior que rege todas as conexões universais.

Soa estranho, não é? Mas é isso mesmo que tem de começar a fazer, como se você fosse um copo cheio que só estará completo novamente depois de ser esvaziado. Esvazie-se agora de tantas informações desnecessárias que não lhe acrescentam mais nada de agora em diante. Reconheça que até aqui elas já lhe serviram, mas agora você precisa se completar do novo para viver o novo, despeça-se desse Eu com carinho, respeito e integridade, perdoando-o por todos os erros e validando os caminhos novos em busca de um EU feliz agora e já.

Esteja mais presente com você, reserve um tempo consigo mesmo, em seu vazio, seu interior para descobrir do que você é cheio. O que o submerge a ponto de afogá-lo dentro de si?

Calma não se assuste, você está adentrando a porta do autoconhecimento, segundo pilar e não menos importante, até mais significante, porém só acessado após efetivação do seu casamento com a Autoestima. Somente após o reencontro com sua Autoestima é que se consegue caminhar para dentro, que pode sentir sua própria presença; e somente ela poderá lhe revelar quais são os sentimentos que o impedem de acessar informações importantes de como se tornar um ser forte e repleto de vitalidade, de energias benéficas que lhe proporcionarão vida em abundância.

Esse exercício deve ser feito diariamente, como um ritual de higiene, você escova os dentes todos os dias? Toma banhos diários? Então, a partir de agora você deve se esvaziar de si todos os dias. Medite todos os dias, nem que seja por cinco ou dez minutos.

Se achar confortável, pode ser antes de dormir ou ao levantar, enfim, no melhor horário para você. Faça disso um hábito e você tomará conhecimento do grande ser extraordinário que é, das grandes ideias que possui, da força existente dentro de seu ser. Busque mais informações a esse respeito e pratique-a agora e já, como se sua vida dependesse disso, como se fosse perder a vida se não o fizer. Porque é isso que você está fazendo, desperdiçando tempo sagrado em não se conectar consigo mesmo e acessar suas mais preciosas informações. É como se você tivesse acesso a uma conta milionária e perdesse o cartão. Vá ao banco e retome o acesso de sua conta. Nesse caso, trata-se do banco de dados mais valioso: você mesmo.

O Autoconhecimento junto à uma Autoestima Fortalecida te conduzirá para viver aquilo que você determinar em sua vida.

Parece utópico? Mas foi reforçando essas bases que sobrevivi a inúmeros desafios; decepções amorosas, mágoas e traumas como abuso e assédio sexual, perdas significativas e relevantes. Foi olhando para mim e por mim que entendi que a vida estava só me moldando, me colocando diante de todas as vitórias merecidas e me preparando para hoje SER uma COACH PARA O FORTALECIMENTO DA AUTOESTIMA e uma PSICOTERAPEUTA REENCARNACIONISTA segura e confiante de servir com amor e propósito.

Adquirir um amor incondicional por si mesmo lhe permitirá seguir o segundo mandamento que Deus nos deixou: "Amar ao próximo como a ti mesmo". Você só terá noção real de como é amar o próximo depois amar a si mesmo em primeiro lugar.

É necessário urgentemente acabar com a crença de que isso é egocentrismo ou arrogância. Longe disso, a prática do amor próprio envolve respeito, ética e comprometimento, isso se espalha de tal maneira que você compreende perfeitamente a terceira lei de Newton; a lei da ação e reação, e passa a agir com amor verdadeiro pelo próximo.

Uma série de reações se instala na vida dos que resolvem se perceber, se amar. Cria-se consciência das emoções e passa-se a educar os sentimentos e necessidades corporais e físicas; assumindo a prática do autorrespeito, cria-se um vínculo honesto e humilde com quem se é. E tem-se a percepção de que "Somos Todos Um". Entra-se em contato com o canal da Unidade Humana, em que nós percebemos UM diante do Criador. Se temos a centelha divina em nós, e isso vibra e ressoa no mundo pela minha ação, então sou parte significativa do que está ressoando aí fora. Logo, sou o Todo sendo eu, sou o impacto de meus pensamentos e minhas emoções. Assim, o Todo sou eu. Somente quando você der esse passo e viver essa experiência poderá ter a perfeita noção do que estou aqui descrevendo.

Descrevi mais um passo sem perceber, de tão natural que é esse processo quando você decide vivenciar, para você superar grandes desafios: reconhecer que eles também fazem parte do Todo e só existem porque de alguma maneira eu ressoei isso, usei a lei Universal da ação e reação. A ação leva qualquer pessoa a alcançar resultados ou arcar com as consequências.

Cultivar o amor em seu coração, para tudo e com todos, foi o maior e melhor ensinamento deixado pelo Mestre que deu sua vida por nós. Quer saber como usar o Amor em todo o seu potencial? Comece respondendo a algumas destas perguntas:

- Como posso me tornar melhor para mim mesmo(a)?
- Tenho respeitado meus valores ultimamente? Eu sei quais são meus valores?
- Vivo a vida da maneira que idealizei? Tenho um ideal de vida?
- Tenho planejado meu futuro e esse planejamento me agrada?
- Como tenho cuidado de mim? Com que frequência? Estou obtendo resultados desses cuidados?
- Como eu poderia agora me fazer feliz estando somente comigo mesmo(a)?

Acho que essas perguntas foram suficientes para lhe dar uma sacudida, remexer e desconsertar emoções, causando questionamentos maiores acerca de si mesmo(a). Ótimo! Essa é a intenção.

Lembre-se de que a recompensa pelos esforços sempre é multiplicada.

Anthony Robbins, em seu livro *Poder sem limites*, fala como agir é importante, enfatizando o poder da ação o tempo todo. Não é possível iniciar um processo intrínseco como esse sem entrar no campo da ação, sem mudar, sem deixar o velho descansar para o novo surgir. Na construção de uma autoestima equilibrada e fortalecida e de um Eu em potencial, temos de compreender que o autorrespeito é vital.

Sua história modelou você até aqui para que o próximo nível tenha outras histórias e no final de uma vida seja um bom livro a ser lido, contado e memorado. Você já parou para pensar em que histórias quer viver? Quais quer contar para seus filhos e netos no futuro? Não?!! Então, comece agora!

Minha história de superação pessoal de vida, proporcionou-me hoje todo o conhecimento e experiência para alavancar a vida dos meus clientes e pessoas que atendo. Foi minha história que me revelou por onde ir. Como posso resolver matá-la, esquecê-la, ou ignorá-la, se ela me completa, se a mesma faz parte do EU SOU?

É idealizando o futuro que vivemos o presente e reconhecemos o passado. É lá no futuro que a vida ganha cor e impulso agora. E é lá no passado que se destrincha o que sou e quanto posso melhorar, reconhecer erros, falhas e tentar novamente, mas de maneira diferente, com novos recursos e possibilidades.

Mas é somente aqui no presente que o futuro pode ser planejado e iniciado. É só no agora que se consegue racionalizar o processo de mudança olhando amorosamente o passado. E para isso, é necessário ter autocontrole e domínio dos pensamentos.

Na prática da ioga aprendi que nossa mente é controlável, embora não totalmente. Com bastante treinamento, é possível resguardar a energia que desperdiçamos com a perturbação mental, que é o que nos leva ao futuro ou nos prende ao passado.

A conexão com o presente também mantém nossa autoestima equilibrada, nossa antena de superação e autorresponsabilidade ativadas, e isso nos permite ter consciência em nossas escolhas, atitudes e falas.

Nosso "todo" (corpo, mente, espírito) tem de estar aqui no agora.

Equilibrar emoções permite que as energias fluam em nosso corpo, e assim a harmonia se instala na vida. A paz se faz presente, e a mente se torna livre e criativa, o olhar para os obstáculos e os desafios se torna mais tranquilo, um olhar solucionador, e não de vítima das circunstâncias.

Um aspecto mais consciente surge, e você fica preparado para o próximo nível muito mais rápido e sem dores.

Olha só quantas coisas boas apenas seguindo esse passo a passo poderoso!

E você pode estar se perguntando como posso ter certeza disso. E eu lhe respondo: vivi essa transformação e ainda vivo em aprimoramento constante, pois, enquanto meu corpo apresentar vida, estarei em constante aprendizado.

Nutrindo minha mente de boas perspectivas, conto-lhe mais um segredo: é preciso manter-se otimista em relação aos fatos. Isso não significa que você deva sorrir o dia todo ou acordar cantando e ir dormir em êxtase, não!!! Devemos manter nossa mente consciente da realidade, que por vezes é sombria, mas, se conseguirmos manter nossa energia corpórea em estado equilibrado e/ou positivo, já ajuda bastante.

Mas como é isso? Trata-se de manter-se em paz diante das ocorrências diárias, não permitindo que sua estrutura emocional seja abalada. Nesse sentido, ter uma crença positiva ajuda a manter a boa vibração.

Quando entramos em ondas negativas, nossa energia entra em um estado de desequilíbrio, e remontar o ponto de equilíbrio anterior torna-se desgastante, pois travamos uma luta interna, e a energia vital é desperdiçada. No entanto, essa preciosa energia poderia estar sendo empregada em diversos outros projetos de vida. Deixar fluir é a melhor maneira de manter um padrão de energia, o equilíbrio perfeito das emoções. Porém, esse estado só é alcançado com muito empenho e força de vontade, com treinamento constante do estado emocional, que inclui observar e monitorar a energia, para que possa lidar com todas as situações no decorrer do dia.

Essa é uma forma muito importante e poderosa de quebrar crenças limitantes e padrões repetitivos e não deve ser ignorada. Agora quero convidá-lo a colocar tudo isso em prática, pois tem poder quem age e age certo, e tem mais poder ainda quem age certo na hora certa, frase do grande Paulo Vieira, que tem um método fantástico de inteligência emocional que vale muito a pena ser vivenciado. A boa leitura contribui e muito para a expansão da consciência, mas só as atitudes levam ao próximo nível.

A propósito, a qual nível você quer chegar? Até onde pretende subir em sua vida, e com quais alicerces fortalecidos para não cair e se quebrar todo?

Deseja superar todos os seus desafios e obstáculos de agora e tornar-se mestre nisso, a fim de que o sucesso seja seu fã e siga-o aonde for? Vamos iniciar o processo?

Primeiro saiba que é uma longa jornada. Alinhe seu propósito com o Universo e assuma os riscos e as consequências simplesmente os reconhecendo. Você vai adentrar o campo de lapidação, que eu costumo dizer que é uma palavra linda para porrada, vai entrar em contato com conflitos internos, personalidade congênita, seu EU interior como ele é e precisa assumir os riscos positivos e negativos desse contato, precisa se responsabilizar pelas mudanças e pelas possíveis consequências dela.

Lembre-se de que, quando você muda tudo a sua volta, muda também, portanto esteja consciente disso e comprometa-se como se sua vida dependesse disso. É hora de conversar consigo mesmo, lembrar as discussões em que você agiu ativamente e qual foi sua reação? Quais foram as emoções sentidas? Liste as atitudes que de alguma maneira o entristeceram ou promoveram mal-estar.

É chegado o momento de lidar com seu lado negativo, o lado que escondemos e esquecemos que faz parte de nós, e todos nós, sem exceção, o temos. Estamos justamente aqui para tratar, curar, equilibrar, enfim, para lidar com esse lado sombrio, e reconhecê-lo é o primeiro passo da jornada.

Faça isso! Pare agora e vá fazer essa lista. Você está agindo ao fazê-la. Inicie agora a sua transformação pessoal. Lidar com seu EU interior como ele é. Todo processo de coaching exige que se firme esse compromisso pessoal.

Em um segundo momento, após ter conversado com sua versão persona (ego), é hora de falar com seu EU interior.

O procedimento é igual ao anterior, mas agora você vai listar suas forças, suas qualidades, seus verdadeiros valores; vai adentrar o campo de suas potencialidades reconhecendo-se de maneira positiva. É hora de falar com sua alma e dar a ela parabéns pelo empenho até aqui, criando assim a oportunidade de dialogar com sua essência. Quem você é verdadeiramente.

Busque realizar ambas as tarefas em particular, procure estar só e com a mente vazia, tranquila, evitando interrupções e qualquer aborrecimento ou desgaste energético. É um momento seu consigo mesmo, o qual deve ser respeitado pelos outros e por você. Se achar válido, coloque uma música que traga calma e quietude para esses dois exercícios.

Avalie os momentos difíceis de sua vida. Quais foram as forças a que você recorreu para superá-los? De que maneira superou esses desafios? Quais sentimentos e emoções o marcaram e como se sentiu depois de vencer os obstáculos?

É assim que você conhece suas habilidades, suas competências, seus pontos fortes. Reconhecer isso faz com que você encontre um ponto de equilíbrio.

Eis uma frase batida, mas que adoro. É uma citação de *Alice no país das maravilhas* em que ela questiona ao coelho qual caminho seguir, ao que ele sabiamente responde à menina: "Se você não sabe aonde quer ir, qualquer caminho serve".

Defina agora aonde você quer chegar e qual caminho quer seguir. Já ajudei um número considerável de pessoas a decidir os rumos da vida, e isso tem um grande peso e uma enorme responsabilidade, porém é infinitamente gratificante. Fico feliz e pensativa sobre como estão agora as pessoas que ajudei em ocasiões específicas? Não, permaneço confiante de que, após o processo de coaching, estão fazendo tudo como foi combinado, pois o compromisso foi pessoal, com a própria vida delas.

As oportunidades existem e vão de encontro aos que estão preparados para assumi-las. É assim que as forças mágicas do Universo agem, encaixando todos em seus lugares, desde, é claro, que estejam preparados para tanto; do contrário, outras pessoas virão assumir seu posto, aquele que você optou por não se apoderar, por medo ou insegurança; esse é o processo.

Se você, ainda assim, não conseguiu ter clareza para responder qual caminho quer seguir, qual rumo quer dar à sua vida, qual sonho quer realizar, digo que qualquer profissional de coaching está preparado para ajudá-lo a escrever essa parte tão importante de sua vida.

Segue uma dica para isso:

- Sinta onde seu coração palpita mais forte, onde sua paixão faz morada, quais talentos e dons estão aflorados ou, às vezes, esquecidos ou adormecidos. Isso já lhe trará chaves preciosas para desenrolar esse caminho.

Quero propor a você um último exercício e que faça dele um hábito.

Olhe-se no espelho (de preferência logo ao acordar ou antes de sair para suas atividades). Olhe dentro de seus olhos e reconheça neles sua alma, permita que sua alma fale diretamente com você, permita que sua alma expresse o ser maravilhoso que você é e faça três elogios poderosos a si mesmo. Fale em voz alta três qualidades suas que o fizeram chegar onde está hoje, que o fizeram levantar e ir viver sua vida. Tem de ser três diferentes a cada dia e pelo menos por uma semana não devem ser repetidos os mesmos. Será super-válido anotá-los em uma agenda ou onde você achar melhor, a fim de se lembrar dos elogios durante todo o dia. Junto com os autoelogios, tome três atitudes que os reforcem durante esse dia.

Propicie-se essa dose de multivitamínicos diários, e isso lhe permitirá ter uma autoestima fortalecida, o que o fará encarar os desafios com maior segurança e, consequentemente, atuar bem diante dos obstáculos, superando sempre toda e qualquer adversidade.

Vencedores pensam de maneira vitoriosa. Permita-se ser um vitorioso, permita-se ter uma vida plena, com altos e baixos como qualquer pessoa tem, mas com a certeza de que está preparado para viver um roteiro de vida de sucesso e glórias traçado por você, curtindo a jornada com propósito e interação total consigo mesmo.

O Coaching trouxe tudo isso para a minha vida de maneira estruturada, fortalecer minha autoestima foi o primeiro grande passo, mas adentrar a porta do autoconhecimento, foi somente quando me deparei com o processo de coaching e as reflexões que ele me abriu. Eu acredito que todo mundo mereça um bom processo de Coaching, que todos devam se olhar e viver com mais amor e integridade em suas vidas. Por isso me tornei Coach.

Termino este capítulo desejando-lhe uma jornada de sucesso e realização, superando as adversidades com grande desenvoltura e valorizando a vida como ela merece ser valorizada, de maneira consciente.

Namastê.

7

Coaching: ferramenta de mudança para toda uma vida

Imagine quantas pessoas andam sem esperança, com sonhos destruídos, paralisadas pelo medo e pela insegurança. Quantos campeões perderam a coragem e veem-se derrotados, indignos de estar na presença do sucesso, embora tenham sido criados para isso. O coaching pode fazer toda a diferença para essas pessoas, embora não tenha fórmulas prontas ou receitas mágicas

Rui José Gonçalves Tavares

Rui José Gonçalves Tavares

Engenheiro mecânico formado pela Universidade Federal do Pará (UFPa), com especialização em Manutenção de equipamentos móveis, possui certificação Green Belt/metodologia Seis Sigma pelo INDG e em Lubrificação de máquinas e equipamentos nível MLT1 pelo ICML; 2º tenente de Infantaria do Exército Brasileiro, formado pelo NPOR/2º BIS, com atuação em unidades de tropa; experiência profissional em empresas de mineração como Vale e Norsk Hydro; coach formado pela CiBraCoaching, especializado em desenvolvimento humano; analista cformado pela Coachecom; palestrante e consultor de empresas na área de gestão, processos e melhorias.

Contatos
ruitavarescoach@gmail.com
Skype: ruitavares39
(91) 98375-7406 / (91) 99283-5372

E xistem dois personagens que me vêm à mente e me fazem refletir sobre quanto o coaching pode ser importante na vida de alguém.

O primeiro deles pode ser encontrado nas páginas da Bíblia Sagrada, no segundo livro escrito pelo profeta Samuel. Seu nome era Mefibosete, e ele era neto de Saul, o primeiro rei de Israel. Esse jovem era um príncipe, filho de Jônatas, e fora educado para ser guerreiro e líder. Foi educado com esmero, vestia as melhores roupas e alimentava-se com o que havia de melhor. Um futuro brilhante o aguardava. No entanto, seu avô, seu pai e outros familiares foram mortos em uma batalha contra os mais terríveis inimigos de Israel, os filisteus. Quando a notícia chegou à cidade, a babá de Mefibosete tomou o menino no colo e saiu correndo, com medo de que os inimigos fossem até lá para eliminar o restante da família. Lamentavelmente, ela deixou o menino cair, e ele acabou quebrando os dois pés, o que o deixou com sequelas físicas e emocionais que determinaram os novos rumos de sua vida. Os anos se passaram, e Mefibosete agora vivia como um mendigo inválido em uma terra chamada Lo-Debar, que pode ser traduzido como "lugar de tristeza sem esperança".

Davi, o matador do gigante Golias, agora reinava em Israel e um dia perguntou se havia restado algum descendente de Saul, pois ele desejava cumprir uma promessa que havia feito a seu amigo Jônatas, de cuidar da sua descendência caso ele morresse. Foi informado da existência de Mefibosete e mandou buscá-lo imediatamente para seu palácio. Quando o príncipe-mendigo ficou diante do rei, começou a desfiar um rosário de emoções represadas havia tantos anos: "Quem sou eu, para o rei meu senhor olhar? Não passo de um cão morto! ".

Fica claro que seu coração era um árido deserto, sem nenhuma esperança de vida no horizonte. A perda de sua mobilidade o fez crer que já não poderia ir a lugar algum, que estava restrito a uma área limitada e jamais iria além; seus sonhos estavam mortos a ponto de se considerar um cão morto; e sua autoestima estava a tal ponto destruída que não se considerava digno de estar na presença do rei, embora também fosse um príncipe. Davi não olhou para isso. Mandou vesti-lo com vestes reais, deu-lhe um anel que simbolizava reconciliação com seu passado e restituiu todos os seus bens, além de conceder-lhe um lugar especial à sua mesa. Mefibosete estava de volta ao mundo a que fora destinado.

Imagino quantos Mefibosetes não andam por aí, perdidos na terra de Lo-Debar, sem nenhuma esperança, com sonhos destruídos e incapazes de se mover e sair dessa situação, paralisados pelo medo, pela insegurança e pelos sentimentos de inferioridade. Quantos se veem como cães mortos, indignos sequer de estar na presença do sucesso, embora tenham sido criados para isso.

O rei Davi, além de guerreiro, administrador e poeta, foi um perfeito coach. Procurou conhecer as necessidades do cliente, compreendeu suas dores, comprometeu-se com seu sucesso, mas não se deixou levar pelas suas lamúrias. Embora a Bíblia não forneça outros detalhes, acredito que o rei empregou diversas técnicas de intervenção – quebra de padrão, *pacing*, *rapport* –, de forma a conduzir aquele jovem frustrado a um estado de *flow*, a ponto de ele recuperar sua dignidade.

O segundo personagem é o carismático Rocky Balboa. Sua saga, retratada em cinco filmes de sucesso, descreve sua trajetória de simples lutador de boxe da periferia de uma grande cidade até a disputa do campeonato mundial dos pesos pesados. Sua força interior alimentava um sonho que, mesmo diante das adversidades, não o fazia perder o foco. Sua perseverança foi recompensada com o título de campeão e o reconhecimento de seus méritos. Porém, as estratégias que deram certo no início já não foram capazes de sustentar sua posição, de forma que foi necessário que ele se reinventasse; para tanto, Rocky buscou orientação e firmou parceria com aquele que antes fora seu maior adversário, seu agora amigo Apolo Creed, construindo uma nova jornada de sucesso. No quarto filme da série, mais uma vez Rocky se vê diante de um desafio que parecia intransponível, o que o fazia pensar que estava superado e sem futuro. Novamente ele revê suas estratégias, enfrenta e supera suas crenças limitantes e vence.

Rocky representa muito bem as contradições do espírito humano. Em um momento, estamos nas montanhas do sucesso, em outro, despencamos nos vales da depressão e da autocomiseração. Nessas horas, pode não ser suficiente apenas ter um sonho, um ideal de vida. A figura do coach provoca, desafia, instiga, revive o "olhar de tigre" que há dentro de nós. Ele voltou a enfrentar desafios, dessa vez dentro de sua família: foi projeção de referência para um jovem boxeador, Tommy Gun, mas deixou seu próprio filho sem um modelo compatível. E novamente, em Rocky Balboa, ele surpreende a todos, mostrando que não há limites capazes de abater um espírito forte.

Para surpresa de todos, o experiente Rocky reaparece em Creed, dessa vez como coach do jovem e impulsivo filho de seu falecido amigo Apolo, que buscava o título de campeão. E novamente consegue mostrar que um coach pode fazer toda a diferença.

O coaching não tem fórmulas prontas ou receitas mágicas. Tem entrega, comprometimento e atitude – e, principalmente, movimento.

Os dois personagens que citei viram-se presos em armadilhas emocionais que impediam a concretização de seus ideais. Mas, com a intervenção assertiva e focada do coach, esses homens experimentaram a retomada de seus objetivos e a reconquista de sonhos perdidos e puderam encontrar seu "melhor eu".

Minha jornada pessoal no coaching

Meu primeiro contato oficial com o coaching foi, de certa forma, curioso. Quando digo oficial, refiro-me à condição de estudioso do assunto. Há alguns anos ouvi a palavra coaching pela primeira vez e interessei-me pelo tema. Entretanto, nenhum curso era oferecido em minha região, e minhas atividades impediam que eu me ausentasse do trabalho para realizar um treinamento. Anos depois, algumas entidades promoveram cursos em minha cidade, mas novamente havia incompatibilidade de horários. Ainda não seria dessa vez.

Então, certo dia eu estava no trabalho (nessa ocasião eu trabalhava a 300 quilômetros de onde minha família residia) e recebi mensagem de minha filha, informando que haveria um curso de formação em Coaching naquele fim de semana, com um dos mais experientes master coach do Brasil.

Em princípio, relutei, pois seria um feriado prolongado, oportunidade de descansar e ficar perto da família. Mas uma intensa luta travou-se em meu interior, de forma que não resisti e no último instante me matriculei no curso.

No dia seguinte, quando cheguei ao local e conheci os participantes, questionei-me se estava no lugar certo. Sempre acreditei que o curso de Coaching era destinado a profissionais ligados à área de RH, e o perfil da maioria dos participantes parecia confirmar isso: pedagogos, administradores, publicitários, um odontólogo e eu, engenheiro mecânico: "estou no lugar errado", pensei. Depois descobri que havia dois analistas de sistemas na turma.

Ao final da manhã do primeiro dia, após uma brilhante e muito detalhada explicação dos conceitos, entendi que estava no lugar certo e que o coaching tem muito mais similaridade com as ciências tecnológicas e de engenharia do que se pode imaginar à primeira vista. Aliás, essa foi a primeira crença limitante que superei. Também ficou evidente que todos os que ali estavam já faziam coaching, mas não se davam conta disso.

Sempre tive grande fascinação por Leonardo da Vinci, o gênio do Renascimento, o homem dos sete instrumentos: engenheiro, botânico, arquiteto, fisiologista, pintor, filósofo, inventor. E essa fascinação por vezes me fazia querer desempenhar diversas atividades (ser engenheiro, historiador, administrador e pesquisador, tudo ao mesmo tempo). Mas a convenção era que cada um deveria escolher uma profissão e focar naquela área de conhecimento. Como engenheiro, ficava sempre muito à vontade no desempenho de atividades técnicas. Mas, ao mesmo tempo, atuar na área de gestão, lidar com pessoas e auxiliar no seu desenvolvimento era muito gratificante. Uma música da banda U2 traduzia muito bem esse sentimento: "*I still haven´t found what I'm looking for*".

Posso dizer que o coaching me trouxe as respostas que eu buscava. A orientação do master coach, a interação com os colegas de diversas formações e experiências e, sobretudo, a prática do atendimento de coaching conseguiram trazer à tona habilidades, percepções e aspirações que julgava nem existirem.

Descobri que o ser humano pode assumir diversos papéis, ter diversas facetas em sua forma de agir e encarar o mundo, sem entrar em contradição ou choque com seus valores ou sonhos. Isso de forma análoga à natureza, em que diferentes comprimentos de onda e frequências de vibração combinam-se e nos apresentam uma percepção específica de mundo, que pode variar caso os parâmetros originais sejam alterados. Essa foi a segunda crença limitante superada.

Durante o curso fiz algumas inferências diretamente relacionadas com minha área de atuação profissional.

- O *rapport* tem grande paralelismo com as Leis da Termodinâmica, uma vez que estabelecer o contato inicial é similar à chamada Lei Zero da Termodinâmica: "Se dois corpos A e B estão separadamente em equilíbrio térmico com um terceiro corpo C, A e B estão em equilíbrio térmico entre si". Quando se inicia o atendimento, a formação do campo relacional, a empatia e a confiança que se estabelecem conduzem a esse estado de equilíbrio de ideias, emoções e *timing*, entre coach e coachee;
- Os três elementos fundamentais (estado atual, estado desejado e trajetória) estão relacionados à gestão por diretrizes (Hoshin Kanri);
- Embora a maior parte do comportamento humano seja regida pela Teoria do Caos, algumas ações aproximam-se das Ciências Térmicas. Exemplo disso é o fato de que o ser humano tende a buscar o prazer e fugir da dor, buscando sempre o caminho mais fácil e que ofereça menor dificuldade. Na transferência de calor e massa, seja na condução, seja na convecção, o fluxo se dá do nível de maior energia para o de menor energia, buscando sempre o caminho de menor resistência.

Muitas vezes estamos envolvidos por um manto de racionalidade excessiva, de forma que nosso lado criativo, sonhador e intuitivo fica enclausurado e limita nossa visão e inovação. Essa racionalidade restringe o alcance de nossa criatividade e deixa-nos presos a paradigmas e crenças limitantes. Outras vezes ficamos prisioneiros de nossos medos e inseguranças, muitas vezes infundados, e simplesmente nos recusamos seguir em frente.

O coaching é, antes de tudo, uma jornada de autoconhecimento. Sun Tzu, Sócrates e outros grandes filósofos enfatizaram a necessidade de conhecermos a nós mesmos como fator crítico para o sucesso. Posso dizer que fazer coaching me permitiu exorcizar fantasmas, descobrir meu potencial oculto e ser melhor pessoa. Posso atestar que um coach pode fazer a diferença na vida de uma pessoa. Sou prova disso. E, embora ainda esteja em contínuo desenvolvimento, na busca incansável de meu melhor eu, sei que estou no caminho certo. E poder atuar e usar as técnicas de intervenção de coaching e fazer a diferença na vida das pessoas é extremamente recompensador.

8

Coaching
para a vida

Do esforço que significa triunfar nestes tempos incertos
E da responsabilidade que você tem de se atualizar.
Por acaso toda nova proposta não
Incomoda o Ego defensivo que resiste ao novo?
Suryavan Solar

Sibeli Cardoso Borba Machado

Sibeli Cardoso Borba Machado

Coach e analista comportamental pelo Instituto Brasileiro de Coaching (IBC – 2016), tem formação em Coaching também pelo Instituto Vanessa Tobias (VT – 2014). É mestre em História do Tempo Presente pela Universidade do Estado de Santa Catarina (UDESC – 2008-2010), especialista em Gestão de Acervos Históricos pela Universidade do Sul de Santa Catarina (Unisul – 2007-2009) e bacharela e licenciada em História pela mesma instituição (2003-2007). Possui experiência de mais de dez anos como professora e coordenadora de cursos técnicos e superiores e como coordenadora de Pesquisa e Extensão. Tem experiência nas áreas de Cultura, Educação, Gestão e Coaching.

Contatos
contato@sibeliborba.com.br
Fanpage: www.facebook.com/sibeli-borba-coaching
WhatsApp: (48) 9800-4252
(48) 9800-4252 / (48) 8840-2826

DOU-ME DE PRESENTE O MEU PRÓPRIO PRESENTE:
Reflexões acerca do coaching e do tempo presente

Se de um lado a segunda metade do século XX apresentou ao mundo um tempo de crises, conflitos e instabilidades, por outro, inaugurou uma era de oportunidades e de transformações, em que mudanças profundas foram sentidas e paradigmas, rompidos. E foi nesse contexto de mudanças que duas vertentes de pensamentos tiveram seu berço: a História do Tempo Presente, no campo das Ciências Humanas, e o Coaching, com sua metodologia apoiada no âmbito das Ciências Humanas e Sociais Aplicadas. E é sobre essas duas correntes de pensamento e suas possíveis aproximações que pretendo discutir ao longo deste ensaio. Afinal, são as duas áreas de formação que têm orientado minha vida profissional e pessoal há algum tempo.

Ao elencar as possíveis reflexões que este texto pretende despertar nos leitores, recordei-me da imagem de um quadro apresentado pelo historiador norte-americano John Lewis Gaddis, na abertura de seu livro *Paisagens da História: como os historiadores mapeiam o passado*, com o qual tomei contato em 2010, momento de conclusão de meu curso de mestrado em História, na Universidade Estadual de Santa Catarina. O quadro, conhecido como O viajante sobre o mar de névoa[1], datado de 1818 e de autoria do pintor alemão Caspar David Friedrich, foi utilizado pelo autor como metáfora para incitar as discussões iniciais de seu livro, a partir de uma leitura factual e minuciosa sobre a paisagem expressa naquela pintura. Assim como para o autor, os elementos daquela imagem também me instigaram a iniciar minha escrita naquele momento e até hoje fazem muito sentido para mim.

De maneira contextualizada, importa considerar que a imagem apresentada naquele quadro representava exatamente o período de

1. FRIEDRICH apud GADDIS, 2003, p. 15.

transição e ressignificação que eu estava atravessando no ano de 2010: momento de revisitar minhas experiências e apropriações, momento de desconstrução e renovação teórica e, principalmente, de autodesenvolvimento. Hoje, analisando o caminho percorrido, posso dizer que de todas as tarefas o autodesenvolvimento foi a mais desafiante.

Ao longo daquela jornada, o exercício de afastar-me de meu objeto de estudo, de estranhá-lo e de promover uma nova leitura dele era inevitável – como seriam inevitáveis também todos os desconfortos e dores causados por um processo de renovação como aquele. Para mim, estranhar o Museu que eu pesquisava era como estranhar parte de minha vida profissional, pois envolviam-se nele elementos de afeto, vínculos e laços profissionais (MACHADO, 2010).

Ao adotar essas novas lentes, encontrava-me muitas vezes como *O viajante sobre o mar de névoa*, tentando clarificar e perceber o museu de maneira diferente, além do que estava posto, e parecia-me ser tão comum e familiar. Posso dizer que um processo como esse não é tarefa fácil para qualquer sujeito que se proponha à escrita de um trabalho ou a um processo íntimo de mudança e desapego.

Tente imaginar nesse momento a composição da cena:

> um homem jovem de pé sem chapéu, com um casaco preto, num alto pico rochoso. Suas costas estão voltadas para nós, e ele se apoia em uma bengala contra o vento que emaranha seus cabelos. À sua frente, descortina-se uma paisagem semioculta pela névoa, onde as fantásticas formas de distantes promontórios são parcialmente visíveis. O horizonte longínquo revela montanhas à esquerda, planícies à direita, e, talvez, ainda mais longe – não se tem certeza – um oceano. Mas pode ser mais névoa, fundindo-se imperceptivelmente nas nuvens. [2]

Como Gaddis (2003) – e outros tantos pesquisadores que já exprimiram suas impressões acerca dessa imagem, cada um a seu modo, estilo e afiliações teórico-conceituais –, eu também me senti despertada por essa imagem. A leitura do ponto de vista atualizado de uma parte de seu conteúdo total, o elemento névoa, representado na

---

2. GADDIS, Op. cit., p. 15.

pintura, assemelhava-se ao sentimento de desorientação que eu sentia a cada momento de revisitação teórico-conceitual. Como pesquisadora, vi-me como o viajante de Friedrich: entre a névoa e a bruma. Certamente, não seria tarefa fácil para qualquer pesquisador, independentemente de sua área de atuação e conhecimento, questionar suas próprias crenças e "verdades", não raro, cristalizadas! Como também não é tarefa fácil para qualquer indivíduo questionar suas próprias verdades e buscar explicações distintas às experiências de um passado, que muitas vezes se pretendem congruentes e distantes.

Apresento, então, a imagem O viajante sobre o mar de névoa aos leitores e repouso um segundo olhar sobre ela.

O viajante sobre o mar de névoa

Passados seis anos, continuo ensaiando-me na perspectiva do ensaísta-historiador sugerida pelo filósofo espanhol Jorge Larrosa

(2004) e direciono meu olhar para o presente, não para um presente "[...] como realidade, mas como experiência [...]"[3]. Em se tratando dessa nova proposta de escrita do presente a partir do ensaio, o autor, provocado pelos estudos de Foucault, assinala que: "[...] a questão do ensaio é o que nos acontece agora, quem somos agora, [..] neste exato momento da história"[4]. A partir dessa nova forma de operação da escrita, dá-se aos sujeitos, anônimos ou não, a autoria de suas próprias experiências e histórias de vida, a partir de suas impressões e seus pensamentos do presente e para o presente.

Ainda, de acordo com o autor Larrosa (2004), o ensaio surge quando se abre a possibilidade de uma nova experiência do presente. Primeiro, quando o passado perdeu toda a autoridade e, portanto, volta a ser lido a partir do presente, mas sem nenhuma reverência, sem nenhuma submissão. Segundo, quando o futuro aparece como algo tão incerto, tão desconhecido que é impossível se projetar nele. Terceiro, quando o próprio presente aparece como um tempo arbitrário, como um tempo que não foi escolhido, como um tempo que só pode ser tomado como uma morada contingente e provisória, na qual sempre nos sentiremos estranhos; como um tempo que escorre constantemente das nossas mãos, resistindo a qualquer uma das nossas tentativas de fixá-lo, de solidificá-lo, de traçar a sua forma e o seu perfil.

Pensar o ensaio é abrir espaço a uma escrita autorizada no presente e que, a partir do presente, busca estabelecer conexões com outros dois recortes temporais: o passado e o futuro. E é essa reflexão que gostaria de submeter às suas considerações. E se o presente permanecesse sendo apenas estadia provisória, quais perdas ou desaproveitamentos teríamos? Que lugar merece o presente em nossa vida?

Uma das possíveis respostas está atrelada à nossa própria compreensão como sujeitos construídos e em construção. Afinal, a forma como agimos, sentimos, como compreendemos o mundo e o que nos cerca, nossos padrões e pensamentos advêm de uma experiência anterior. Nessa perspectiva, comungo com Larrosa (2004) ao concluir

3. LARROSA, 2004, p. 35.
4. Ibid.

que nos interessa, então, a história do presente, saber e "descortinar o passado de nossas verdades, e não as verdades de nosso passado"[5].

E foi nessa perspectiva de ensaio, de guinada do presente, de subjetividades, de questionamentos sobre os "passados emoldurados" e sobre as possíveis "verdades", que a História do Tempo Presente mais contribuiu para que fossem rompidas minhas limitações e meus desajustes. Da mesma forma, foi a partir desse movimento de renovação e repensar que, posteriormente, o coaching adentrou minha vida e ofereceu orientações significativas em relação às minhas escolhas tanto profissionais quanto pessoais.

Importante assinalar que tanto a metodologia do coaching como a História do Tempo Presente[6] oferecem reflexões para que, mais do que nos preocuparmos com a validação das verdades de nosso passado, busquemos compreensão sobre o que ofereceu berço às nossas crenças, condutas, concepções e escolhas. Dentre tantas outras associações possíveis às duas correntes de pensamento, talvez a reflexão sobre "nossas verdades" cristalizadas e os padrões que nos ensinaram o que é certo ou errado sejam alguns dos pontos fundamentais a se discutir daqui em diante. Afinal, quais passados estão por trás de nossas "verdades"? Com quais lentes enxergamos a vida? A partir de quais padrões fazemos nossas escolhas?

Passados quatro anos do momento em que deparei pela primeira vez com a imagem do viajante, como professora universitária e com experiência em gestão de cursos e pessoas, percebi-me num momento crucial de minha carreira: avaliar o que de fato atribuía sentido à minha vida pessoal e profissional, o que eu queria a partir dali e qual

---

5 Ibid.

6. A História do Tempo Presente é corrente que emergiu com a criação do IHTP - Institute d'Histoire du Temps Présent – no ano de 1978, na França. Grosso modo, uma das propostas que balizam a História do Tempo Presente é a de afastar-se de uma escrita historiográfica que apresente a história a partir de um processo linear e homogêneo de construção. Nesse esforço, essa corrente considera que a história não é retilínea, pois revela indícios de sinuosidades na forma como os sujeitos se relacionam com o tempo, como abordam/consideram o passado e estabelecem/relacionam as demarcações entre o passado, o presente e o futuro.

era a minha maior missão de vida. Creio que parte das provocações advinham também de outras áreas da vida, como a família, o autodesenvolvimento e a contribuição social.

Afinal, quem por algum tempo já não investiu mais atenção e energia na carreira profissional do que na própria vida pessoal? Lembre-se, neste momento, das pessoas de seu convívio; repare em quantas assumem ou já assumiram essa postura. Na busca por respostas, o autor Marques (2013) nos lembra de que "a carreira é umas das dimensões mais importantes da vida de todo ser humano, pois é também por meio dela que conseguimos atingir nossos objetivos, realizar sonhos e construir nosso legado."[7] Contudo, depois de algum tempo, é possível que você descubra que ela não é, ou era, a mais importante.

Esse tempo já chegou para você? Possivelmente ele chegará e, com ele, o amadurecimento, o discernimento e a clareza sobre suas escolhas e seus processos de decisão daqui por diante. Não raro, você lerá depoimentos de pessoas que também estiveram nessa mesma encruzilhada de questionamentos e escolheram caminhos diferentes a partir desse repensar, e muitas delas encontraram maior sentido e realização para a vida após terem tomado contato com a metodologia do coaching.

Numa avaliação sobre nossa vida, é possível percebermos que as escolhas que fazemos revelam muito sobre nós, sobre quem fomos e/ou somos, sobre nossas afiliações, concepções e credos. Afinal, é com base em nossas experiências passadas, nossas tradições e significados que damos razão às coisas e aos fatos; ou nosso mundo. Assim como nos lembra o historiador Roger Chartier (1990), não estamos "desencarnados"[8] de nosso tempo nem desapegados de nosso passado. O passado nos oferece localização e posicionamento, oferece-nos elos e vínculos que dão sentido de continuidade. Todavia, o presente nos tem exigido revisitarmos nossas experiências exitosas e também aquelas que a memória, não raro, nos recomenda esquecer, a fim de

---

7. MARQUES, 2013, p. 9.
8. Conforme Roger Chartier (1990), a materialidade das práticas culturais remete à representação do grupo específico que as produziu e também "sustentam as operações de produção do sentido", reconhecendo que "nem as inteligências nem as ideias são desencarnadas" (p. 180) do contexto de suas produções.

ressignificarmos lembranças que ainda nos trazem algum tipo de dor ou inquietação. De alguma maneira, o passado nem sempre está tão arrumado como gostaríamos que estivesse.

Nesse ínterim, a memória assume papel fundamental, uma vez que se apresenta como fio condutor das lembranças e permite-nos uma narrativa acerca de nossa própria história. Você já parou para pensar sobre qual história você tem contado para si mesmo? Quais fatos e acontecimentos são lembrados ao falar de sua vida para alguém? Você já percebeu quais fatos compõem o roteiro da vida que você diz ter ou deseja ter?

Importa considerar que tanto a História do Tempo Presente como a metodologia/filosofia do coaching dão ênfase ao presente e o apresentam como espaço de oportunidade. O presente, como recorte temporal, deve ser concebido como o tempo em que tudo acontece, em que os indivíduos têm a oportunidade de ser autores de sua própria história e de fazer suas próprias escolhas. É no presente que compomos nosso legado e desenvolvemos nossos propósitos, a fim de construir uma vida mais próspera e com mais felicidade. Fala-se muito em construção e expectativas para o futuro, mas que tempo é esse de que estamos falando? Quando ele acontece? Parece-me que o passado, como experiência, e o futuro, como promessa, têm reservado ao presente um lugar apenas de transição; de passagem. Contudo, importa questionar: não seria o presente o único tempo que, de fato, temos? É no presente que tudo acontece. É no presente que revisitamos nossa trajetória com o intuito de viver uma vida mais plena e feliz, e essa vida acontece hoje, no agora.

Pode-se pensar a partir daí que a vida é uma sequência de presentes e "agoras" e que em cada um deles temos a oportunidade de ensaiar-nos melhor. Esses presentes compactados constituem, então, a nossa trajetória de vida? Você já parou para pensar sobre qual legado você está deixando ao mundo? O que o mundo perderia se você não existisse mais? São perguntas profundas e que merecem reflexão. Qual é a sua missão de vida? Uma vida feliz é aquela em que distribuímos atenção e dedicação a todas as dimensões que a compõe. Nessa paisagem, como você avalia os seus relacionamentos atuais? Você está satisfeito com o seu trabalho? O ambiente de sua casa é aquele que você almejou? Como você avalia a sua saúde hoje? Você tem uma família feliz? Pensar sobre isso levará você a mensurar o nível de satisfação e a direção em que está conduzindo a si mesmo.

Em certa medida, essas foram algumas das inquietações que me levaram ao coaching e me motivam hoje a desenvolver essa metodologia em meu trabalho e em minha vida. A partir daí tive maior clareza sobre meu papel no mundo e sobre quais legados desejo construir. O coaching, entendido como um processo de desenvolvimento pessoal e profissional, foi capaz de ampliar e desenvolver resultados positivos e mensuráveis em 12 áreas de minha vida: trabalho e carreira, casa e ambiente, espiritualidade, *hobbies* e lazer, equilíbrio emocional, família, saúde, finanças, vida social e amigos, contribuição social, relacionamento amoroso e autodesenvolvimento.

Cabe assinalar que o coaching, muitas vezes confundido com mentoring, terapia, treinamento ou consultoria, é um processo de aplicação multifacetada, desenvolvido em um ambiente seguro, com relação de confiança entre duas pessoas, o coach e o coachee. São nesses espaços de confiança e de ressignificação de eventos passados que nos encontramos com um presente promissor, encharcado de oportunidades.

De maneira simplificada, por meio de uma metodologia específica e com ferramentas e técnicas advindas dos mais variados campos do conhecimento, o processo de coaching pode ser aplicado para fins pessoais e profissionais e realizado individualmente ou em grupo. O coaching oferece clareza para que as pessoas passem de um estado atual ao estado desejado e transformem significativamente o contexto que as envolve. E foi justamente o que senti ao me permitir viver um processo de coaching: adquiri mais autoconfiança, poder de cocriação, autonomia e prosperidade. E, nesse movimento, posso reiterar que a névoa que encortinava minha visão de observadora, a exemplo do viajante, abriu-se para que meu olhar, antes apenas de espectadora, enxergasse outras paisagens e desenvolvesse novas percepções.

Como ferramenta de desenvolvimento humano e ao longo de sua estruturação, o coaching pode ser compreendido "[...] como um *mix* de práticas e ciências diversas que quando conjugadas resultam em uma ferramenta única de desenvolvimento humano e no alargamento das potencialidades de cada indivíduo". [9]

Certamente você já deve ter conhecido ou conhece pessoas de seu convívio que desejaram ser alguém, mas não foram; ter algo, mas nunca tiveram; fazer algo, mas nunca fizeram. Por que isso acontece? O que falta às pessoas para que aconteça o que elas desejam? O que leva um sujeito a ter expectativas e sonhos que nunca alcançou? Talvez uma das possíveis respostas resida no fato de que esse objetivo nunca passou de mero desejo; algo distante; desorientado. Ora, nenhuma meta ou sonho pode ser realizado sem ação, e nenhuma ação pode ser desenvolvida sem ter sido previamente planejada.

Afinal, planejamento é algo que precisa ser uma constante em nossa vida. Como profissional coach converso com muitas pessoas, de várias idades, de vários lugares e com diversas formações e percebo que há algo comum entre aquelas que não alcançam seus objetivos pessoais e profissionais: elas não têm um planejamento de vida. Então, como sair da situação atual para a situação desejada se não temos um roteiro a seguir, nem mesmo etapas organizadas para chegar ao resultado esperado? Qual presente estamos ensaiando? Fica quase impossível alcançar resultados altamente positivos dessa maneira. Contudo, isso deve servir de experiência para que possamos ajustar nossa forma de agir se quisermos empreender uma vida totalmente diferente.

É preciso mudança!

Nessa proposta, compreendemos que ela acontece toda vez que decidimos fazer algo diferente por nós mesmos, por nossa própria vida. Que tal aproveitar para iniciar hoje? Quais escolhas você está fazendo na direção de seus objetivos? O que o presente tem lhe proporcionado? Que vida você quer ter daqui a um, dois, cinco ou dez anos?

Importa reforçar que um planejamento pessoal eficiente é aquele que considera todas as suas necessidades e valoriza todas as suas habilidades e talentos. Aliás, quais são seus talentos? Quais habilidades o aproximam do resultado que você espera? Debruçarmo-nos sobre esses questionamentos nos leva a mensurar o que ainda nos falta para

9. MARQUES, 2015, p. 20-21.

viver nossa "melhor versão" em cada dimensão da vida.

Dito isso, é preciso que você esteja habilitado para compreender o seu momento atual, a fim de traçar metas que sejam positivas e elaborar um planejamento eficaz que o leve, de fato, à realização de seus sonhos e a uma vida com mais felicidade. Para tanto, recomendo que use o presente a seu favor.

Presenteie-se!

Eu me dei de presente o MEU PRESENTE.

E você, o que tem se dado de presente?

Referências

CHARTIER, Roger. *A História Cultural: entre práticas e representações.* Tradução de Maria Manuela Galhardo. Rio de Janeiro: Bertrand Brasil, 1990.

FRIEDRICH, Caspar David. *O viajante sobre o mar de névoa.* (c. 1818. Hamburg Kunsthalle, Hamburgo, Alemanha/Bridgman Art Library). In: GADDIS, John Lewis. Paisagens da História. *Como os historiadores mapeiam o passado.* Rio de Janeiro: Campus, 2003. p. 15.

FRIEDRICH, Caspar David. *O viajante sobre o mar de névoa,* 1818. Disponível em: <http://images.google.com.br/>. Acesso em: 3 ago. 2009.

GADDIS, John Lewis. *Paisagens da História. Como os historiadores mapeiam o passado.* Rio de Janeiro: Campus, 2003.

LARROSA, Jorge. *A operação ensaio: sobre o ensaiar e o ensaiar-se no pensamento, na escrita e na vida.* Educação & Realidade, v. 29, n.1, p. 27-43, jan./jun. 2004. p. 35.

MACHADO, Sibeli Cardoso Borba. *Maracajá em foco: reflexões acerca das experiências de educação patrimonial do Centro Histórico Cultural "Avetti Paladini Zilli" – Museu Municipal do Trabalho, Maracajá/SC.* Dissertação de Mestrado em História apresentada à Universidade do Estado de Santa Catarina, Centro de Ciências Humanas e da Educação (Área de especialização: História do Tempo Presente), 2010.

MARQUES, José Roberto. *Coaching para coaches.* Goiânia: IBC, 2015.

_____*Coaching & carreira: técnicas poderosas e resultados extraordinários: como o coaching pode transformá-lo em um profissional de sucesso.* Goiânia: IBC, 2013.

SOLAR, Suryavan. *Coaching Express: As origens de um novo estilo.* São Paulo: Gransol, 2013.

9

Sucesso 8.0

Com este artigo quero levar você, leitor, a uma experimentação diferente em sua vida.

Quero que consiga controlar suas emoções e seus pensamentos e pense em viver o presente, o agora. O único momento em que temos controle de nossas ações no espaço e no tempo. Desejo fazer com que tudo o que você determinar como sucesso para si seja alcançável, tornando suas metas tangíveis e possíveis

Vinicius G. Caldini

Vinicius G. Caldini

Graduado pela Universidade Presbiteriana Mackenzie, com pós-graduação em Análise de Sistemas, atua como professor, palestrante e consultor há mais de 20 anos. Tem como uma de suas paixões o marketing e as vendas, em que soma mais de 15 anos de experiência. Professor há mais de cinco anos, ministrando cursos de pós-graduação, MBA e especialização. É autor de artigos, orientador de trabalho de conclusão de curso (TCC) e coautor do livro *Os segredos para o sucesso pessoal e profissional: o marketing aplicado aos relacionamentos* (Literare Books). Empresário com duas empresas, uma no segmento de desenvolvimento de software há mais de 16 anos e outra no de beleza há mais de 10 anos. Possui certificação de Leader Training – Treinamento de Autogestão e Programação Neurolinguística (PNL) pela Signa Treinamentos Comportamentais.

Contatos
www.viniciuscaldini.com.br
viniciuscaldini@viniciuscaldini.com.br
Facebook: @ProfViniciusCaldini
Twitter: @viniciuscaldini
Instagram: @viniciuscaldini
Youtube: Vinicius Caldini

Para tornar suas metas tangíveis e possíveis, ao longo deste artigo, daremos tempo e entenderemos o momento certo para tudo acontecer. Meu objetivo é que você alcance seu sucesso e que eu faça parte disso.

Além deste artigo, no meu site acompanharei sua evolução durante esse caminhar para o seu sucesso.

Quando falo em sucesso, descrevo como algo amplo, uma conquista pessoal e profissional. Pode ser qualquer conquista, porque o sucesso é subjetivo. Segundo o dicionário Michaelis, a palavra sucesso significa "Êxito, resultado feliz "e feliz significa "Que tem um sentimento de bem-estar ". Então, nesse caminho que vamos percorrer, meu desejo é que você consiga seu estado de bem-estar e que esse caminho seja o mais brando possível, ou seja, que você chegue passando as dificuldades com mais tranquilidade e sabedoria.

Quero também deixar claro que os objetivos mais difíceis ou aqueles que dificilmente alguém alcançou serão caminhos complicados e nebulosos, mas vai depender de você alcançá-los, com muito foco, força e fé. E eu terei a satisfação, se me permitir, de ajudá-lo nesse percurso.

Além de utilizar o controle mental, para alcançar esses objetivos e se manter tranquilo nesse caminho, abordarei algumas ferramentas e métodos muito utilizados.

Este artigo é o resultado de anos trabalhando como professor e como vendedor, profissões que me deram a oportunidade de conhecer muitos teóricos e entender o comportamento humano. Li diversos livros e conheci muitos alunos, professores e executivos. Pessoas com sucesso e pessoas que nunca o alcançaram.

Daqueles que nunca alcançaram o sucesso, posso destacar dois grupos: o dos que se acomodam facilmente com poucas metas alcançadas e o dos que não conseguem alcançar suas metas por desistência.

No grupo que se acomoda, normalmente tentam mascarar o sucesso. Assim, as pessoas desse grupo tentam transformar as conquistas em que obtiveram êxito em satisfação pessoal. Mas no futuro isso pode causar sensação de frustração.

No grupo que desiste, normalmente não esperam o momento certo de o Universo trazer aquilo que desejam ou transformar a vida em algo que esperam. Tudo tem seu tempo; nunca é como queremos, e sim como deve ser. Outro ponto importante é o fato de as pessoas só contarem seus sucessos, mas nunca o que passaram, os problemas que tiveram, do que abriram mão para conquistar o que desejavam.

Nos dois grupos que não alcançam o sucesso faltaram elementos fundamentais: planejamento, foco, força e fé. Veja a figura 1.

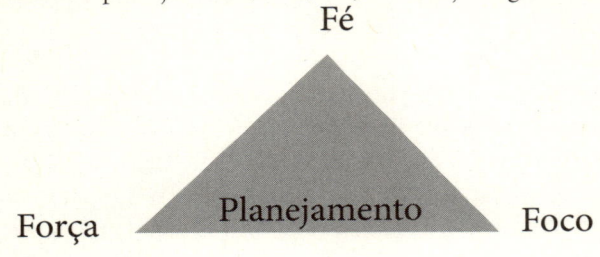

Imagine um piloto de avião e que o avião é você. Quando nascemos, não temos uma direção, um plano de voo. Podemos ir em qualquer direção sem precisar pedir a ninguém, mas não estamos preparados para turbulências, tempestades nem problemas que podemos ter nesta viagem da vida. Podemos nos preparar para os riscos dessa viagem. Podemos criar um plano de voo.

Quando queremos o sucesso, temos de planejar. Nenhum avião sai do chão sem seu plano de voo. Então, se desejamos voar, temos de planejar nosso caminho, definir qual será nosso trajeto e, se possível, prever os riscos que correremos.

É necessário ter força, não no sentido muscular, mas força na mente para todos os dias encontrar coragem para fazer o que planejou. Mas lembre-se de que na sua vida não existem demarcações e pode variar o humor e a saúde física, então saiba contornar e entender seu estado físico e metal. Nos dias em que se sentir apto, faça com mais vigor aquilo que planejou nos outros, tente fazer o possível.

Foco para nunca esquecer o que planejou, para ter em mente seus objetivos e para alcançar suas metas.

Fé para acreditar que consegue ser possível e para acreditar que, caso alguém tenha conseguido, você também pode ou que, se ninguém nunca alcançou, você alcançará.

A maioria de pensamentos que nos faz desistir vem da cultura e de crenças que nos fazem acreditar que não temos capacidade para alcançar ou que não merecemos algo.

Deus deixou tudo para todos. É a lei do Universo, e ele não distingue quem deve ou não receber. Basta pedir, desejar e acreditar que será dado.

Diversos livros que li sobre sucesso descrevem que o maior obstáculo para conseguir algo que queremos é o boicote de nosso pensamento. Cabe a partir de hoje fazermos uma autoanálise e perguntar: "Por que não consigo?".

Muitas vezes talvez não encontremos respostas, mas certamente com o tempo anularemos esse boicote emocional. Indague àquele sentimento de desistência, de negação ou algo que não o encoraja para um ato de agir com fé visando a conquista.

Eu trabalhei muito tempo para sustentar minha família fazendo manutenção em computadores de pessoas e empresas. Tinha filho pequeno e não tinha hora nem dia para realizar visitas técnicas a esses clientes. Uma carga emocional grande andava comigo nessas visitas, pois tinha pensamentos de preocupação. Acabara de casar e de ter um filho. Morávamos em uma casa que tinha portão baixo. Minha esposa não trabalhava, e muitas vezes eu voltava tarde da noite. Naquela época não havia celular.

O cliente, por sua vez, estava preocupado com a solução de um problema e geralmente me chamava para fazer manutenção corretiva. Então, imagine o humor dele?

Comecei a perceber, ao longo de alguns anos, que meu comportamento afetava o tempo de solução dos problemas no microcomputador. Com certeza você vai pensar: mas o computador é lógico. Sim, concordo, mas nossa mente influencia na solução do problema.

Iniciei um processo e toda vez, antes de iniciar um conserto, esforçava-me para melhorar meu humor, ter fé e acreditar que conseguiria resolver. Enfim, ter pensamentos positivos. Comecei, assim, a solucionar com mais rapidez os problemas para o qual era designado, com o resultado esperado pelo cliente.

Percebi que a capacidade de solucionar problemas está ligada a nosso humor e a acreditar que conseguiremos, ter fé.

Então, exercitei o planejamento ao sair de casa, buscando a solução do problema. Fixava em minha mente a solução, tinha foco e fé de que solucionaria qualquer que fosse o problema.

Nos próximos passos mostrarei como unir técnicas conhecidas e usadas em diversas áreas do conhecimento e, assim, conseguir realizar seu planejamento, ter foco, ter força e nutrir sua fé, como fiz em minha vida.

Ferramenta de planejamento

Para iniciar nosso planejamento, usaremos o PDCA (do inglês: PLAN - DO - CHECK - ACT / Plan-Do-Check-Adjust), ferramenta para planejar nossas metas e nossos objetivos, ações que devemos tomar, verificar o que alcançamos e ajustar nosso caminho. Não quero que pense que agiremos feito robôs ou que teremos uma linha de trem para seguir. Teremos um norte, um apontamento do caminho. Veja na figura 2 o exemplo do PDCA.

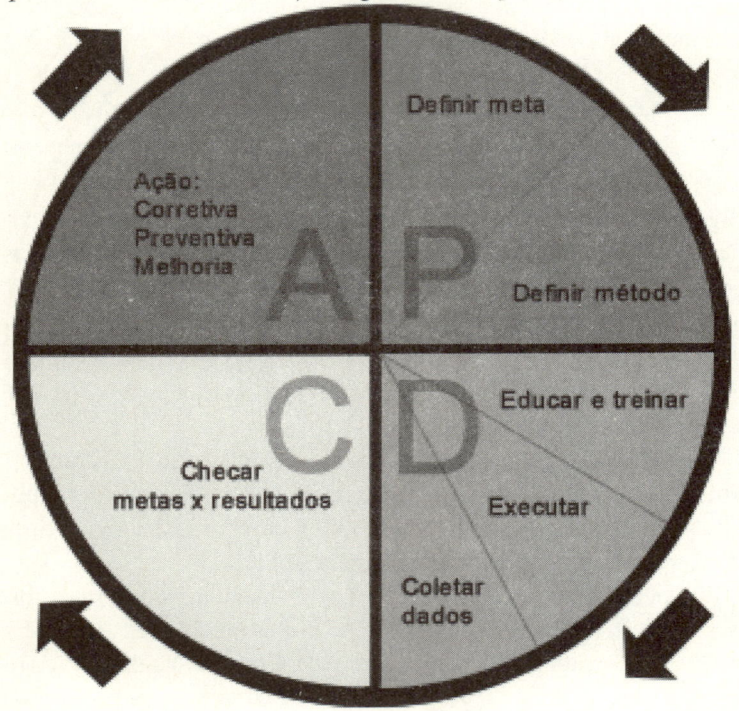

Gosto muito desta passagem, apesar de parecer infantil, do filme Alice no país das maravilhas, baseado na obra homônima de Lewis Carroll:

"Podes dizer-me, por favor, que caminho devo seguir para sair daqui?", indagou Alice.

"Isso depende muito de para onde queres ir", respondeu o gato.

"Preocupa-me pouco aonde ir", disse Alice.

"Nesse caso, pouco importa o caminho que sigas", replicou o gato.

Sendo assim, temos de ter uma meta bem estabelecida. Nesse planejamento também vamos tornar as metas atingíveis, sejam elas quais forem. Parto do princípio que podemos conseguir tudo o que queremos, basta focar e pensar positivamente na meta determinada.

"O poder que prenuncia o sucesso é o poder da mente. Como fazer com que a vida diga SIM, em vez de NÃO, aos seus planos e ambições." (NAPOLEON HILL).

Então o objetivo deste livro é fazer a vida dizer SIM a você.

Por que transformar nossas ideias em metas e objetivos? Porque, enquanto não forem palpáveis, não serão metas, mas sonhos. Sonhos temos todos os dias, mas precisamos transformá-los em realidade.

P = Planejar / Planejamento

Primeiro, para planejar, temos de nos conhecer. Para tanto, aconselho usar a análise SWOT (do inglês *Strengths, Weaknesses, Opportunities, Threats*). Traduzindo para o objetivo deste artigo, serve para identificar nossas principais forças, fraquezas, oportunidades ou ameaças que podem atrapalhar nossa conquista. Veja a figura 3.

ANÁLISE SWOT
Na conquista das Metas/ Objetivos

	Ajuda	Atrapalha
Interna (você)	**Forças** S	**Fraquezas** W
Externa (ambiente)	**Oportunidades** O	**Ameaças** T

Origem do Fator

Em seguida, exemplificarei como preencher o quadro acima.

Forças

São aspectos que favorecem seu crescimento ou características pessoais que sobressaem:

- O que você faz melhor?
- Quais são suas competências mais valorizadas?
- Qual característica sua geralmente é mais elogiada?
- Qual é seu nível de experiência na profissão em que busca sucesso?
- Quais são suas maiores habilidades e capacidades?
- Quais cursos e especializações você possui sobre a área?
- Qual é seu maior diferencial?

Fraquezas

São pontos que bloqueiam seu crescimento ou características negativas que você tenha:

- Que tipo de atividade você não gosta de executar?
- Existe *feedback* recebido com relação a algum ponto de melhoria? Qual?
- Quais habilidades e capacidades você acredita que precisa desenvolver?
- Existem comportamentos sabotadores?
- Quais são suas dificuldades técnicas?

A segunda parte da análise (oportunidades e ameaças) é relacionada sempre a como o meio externo pode contribuir ou desfavorecer seus anseios.

Oportunidades

São exemplos de oportunidade:

- Sistema corporativo bem estruturado;
- *Networking* de qualidade;
- Acompanhamento das tendências;
- Situação do mercado em alta tanto da carreira quanto da empresa em que trabalha.

Ameaças

São exemplos de ameaças:

- Concorrência em alta na sua área de formação;

- Mercado de atuação em queda;
- Falta de domínio da tecnologia;
- Falta de plano de carreira na empresa em que está trabalhando.

Essa análise pode ser aplicada em todos os aspectos da vida, incluindo saúde, finanças e relacionamentos. Além das perguntas mencionadas, você pode acrescentar outras que estejam mais de acordo com seu contexto.

Entenda a si mesmo, entenda alguma tarefa que o faz se esquecer de comer e de dormir. Esses são aspectos que podem ajudá-lo a alcançar suas metas. Por exemplo, suponha que alguém queira se tornar advogado e, quando lê livros da área de Direito, esquece-se de tudo e concentra-se na leitura, pois gosta de entender as leis. Esses são aspectos que facilitaram para que alcançasse sua meta de ser advogado.

Veja um exemplo do quadro preenchido na figura 4.

Forças	Fraquezas
Dinâmico **Criativo** **Inovador** **Bom relacionamento** **Bem-humorado** **Liderança**	**Ouvir mais** **Foco** **Mais leitura** **Organização** **Comunicação** **Paciência**
Oportunidades	Ameaças
Quais oportunidades podem favorecer a realização dos meus objetivos	**Quais obstáculos podem surgir para atrapalhar meus objetivos**

Depois de nos conhecermos, devemos definir qual será nossa meta.

"Se quer viver uma vida feliz, amarre-se a uma meta, não às pessoas nem às coisas." Albert Einstein

Metas e objetivos

Para escrever suas metas e seus objetivos, é importante saber que "metas são as realizações gerais desejadas, enquanto os objetivos fornecem referências específicas, quantitativas, que podem ser usadas para mensurar o progresso" (FERRELL, 2000).

Metas são o fim a que se dirigem ações ou pensamentos, ou seja, o que você quer atingir, conquistar. Os objetivos devem ser traçados assim que definimos a meta, então devemos ter diversos objetivos intermediários para conquistar nossa meta.

Seguindo esse princípio, teremos de trilhar nosso caminho para chegar à meta estabelecida, fatiando-a em pequenos objetivos para alcançá-la. Desse modo, cada fatia serve para que o macro, a meta, seja atingível.

Quando determinamos uma meta, a princípio ela pode se tornar assustadora, no sentido de nunca conseguirmos alcançá-la. Por exemplo, fazer uma viagem à Disney; no momento a pessoa pode estar com seu salário comprometido ou acreditar que nunca terá o valor da viagem por ser elevado. Mas, se pegar o valor total e dividir em meses ou até em anos, aquele montante torna-se mais diluído. Não raro, a pessoa se dará conta de que já gastou esse montante ao longo dos anos e poderia ter feito a viagem.

O que pretendo é fazer sua mente exercitar a confiança. Quando mudamos o pensamento ou montamos um plano para alcançar uma meta com objetivos claros, começamos a ter confiança. Confiança é a fé que precisamos para alcançar algo que no momento é impossível.

Outro importante passo é colocar seu plano no papel, ou seja, escrever. E deixe-o em algum lugar de fácil acesso para consultá-lo sempre e verificar seus objetivos.

Definindo metas e objetivos a partir da análise SWOT

Imagine o seguinte exemplo: a interpretação das forças e das fraquezas nos diz que determinada pessoa tem grande conhecimento em tecnologia, passa horas à frente de um computador e considera muito interessante desenvolver aplicativos para celular, *tablet* e outros aparelhos móveis, que vou substituir pela palavra em inglês *mobile*. Na análise das oportunidades e das ameaças, surgiu que existe grande demanda por mão de obra nessa área da tecnologia da informação, mas, em contrapartida, exige-se uma ação para evitar que a pessoa fique obsoleta em relação a outros profissionais.

Para isso, pode-se definir o seguinte tipo de meta:

Meta: ser desenvolvedor de aplicações para *mobile*.

Essa meta é geral, passa uma ideia de continuidade e precisa ser complementada por várias outras etapas para ser considerada concluída. Nesse caso, podemos ter os seguintes objetivos:

Objetivo 1: fazer faculdade ou curso de tecnólogo em Tecnologia da Informação.

Objetivo 2: fazer especialização em desenvolvimento de aplicativos e softwares.

Objetivo 3: trabalhar em uma empresa de desenvolvimento.

Objetivo 4: criar *networking* com pessoas ligadas a desenvolvimento *mobile*.

Portanto, não basta fatiar o objetivo em ações intermediárias, temos de determinar datas e a importância de cada tarefa intermediária. Explicar por que aquela tarefa é importante, para que fique claro o sentido de realizar aquela tarefa, para mostrar sua importância.

Para ter acesso à tabela, escaneie o QR Code. Nesta tabela vamos colocar esses objetivos, com datas e controles. Dessa forma, a possibilidade e a probabilidade de conseguir realizar essas metas tornam-se maiores.

Esse quadro é apenas um exemplo e está resumido. Cada um deve fazer o seu, com ou sem a ajuda de um especialista.

D = Desenvolver / Etapa do fazer

Após a definição da meta e a diluição dela em objetivos, vem a fase do fazer ou desenvolver.

Ou seja, teremos de agir constantemente para conquistar nossos objetivos, seja começando um curso na data estipulada, participando de um treinamento de líder, fazendo exercícios, treinando para corrida ou outras atividades que tenha colocado em seu plano, com datas e períodos estipulados.

Segundo o Dalai Lama, só existem dois dias no ano em que nada pode ser feito. Um se chama ontem e o outro, amanhã, portanto hoje é o dia certo para amar, acreditar, fazer e principalmente viver.

Não deixe para amanhã o que deve ser feito hoje.

Seja muito disciplinado, faça como programado, deixe o lazer para outro momento. Lembre-se de que seu futuro depende de sua disciplina.

Nesse momento também coletamos os dados para verificar como andam nossas metas, nossos objetivos e nossas tarefas na etapa posterior.

C = Checar / Etapa para verificar

Nessa etapa, já com os dados coletados, você deve verificar se as metas foram alcançadas ou não.

Seja muito crítico e verifique se o que planejou realmente foi alcançado ou se está próximo de seu objetivo, se está fazendo conforme combinado e planejado.

Trata-se também do momento de checar se o que planejou estava correto, se as datas estão adequadas, se as tarefas foram as ideais para atingir o que estipulou em seu plano de conquista de objetivos. As seguintes perguntas são um importante indicador: "As metas estão mais próximas? Estou longe de conquistar o esperado?".

A = Ação (Corrigir)

Após verificar quais metas e objetivos não foram alcançados, quais deram errado e quais ficaram mais próximo do ideal, comece a esmiuçar os que não deram certo, verifique a causa, os problemas que levaram a sua não realização – se foi por algum descuido seu ou por fatores externos. Em seguida, tente corrigi-los e refaça seu plano, repassando as tarefas e os objetivos e alterando o que for necessário.

Se o curso que você iniciou não está ajudando a conquistar seu objetivo, pare e procure outro. Enfim, não tenha receio de mudar e agir em prol de seu planejamento, de seu futuro.

De acordo com SunTzu, não é preciso ter olhos abertos para ver o Sol nem ter ouvidos afiados para ouvir o trovão. Para ser vitorioso, você precisa ver o que não está visível.

Faça, portanto, uma análise de seus limites, tente verificar se as datas e as tarefas são condizentes com sua limitação. Não exagere demais, pois isso pode gerar muita expectativa, ansiedade ou frustração, por não conseguir realizar determinada tarefa.

Feito isso, inicie novamente o ciclo. É aí que se dá a melhoria contínua.

A cada correção que faz, seu plano torna-se mais assertivo. Então não deixe de ser criterioso e disciplinado.

O que pode desviá-lo do foco em seu objetivo

Infelizmente a partir desse momento será difícil, e não teremos facilidade em tudo, pois lutaremos com um grande inimigo: nós mesmos.

Por que digo grande inimigo?

Lembra o que falei no início do artigo? Quando não temos pensamentos positivos, tendemos a desistir de algo ou não nos direcionar para uma solução rápida, fazendo com que não concluamos a tarefa adequadamente.

O pensamento positivo, segundo Norman Vincent Peale, pode vir naturalmente para alguns, mas também pode ser aprendido e cultivado. Mude seus pensamentos, e você mudará seu mundo.

O pensamento positivo é muito forte e, como Norman diz nessa frase, pode mudar sua vida.

Faça como eu fazia em minhas atividades de manutenção de microcomputador, tenha o pensamento de que vai conseguir, de que pode fazer, e tenha fé sempre.

Faça seu planejamento de vida, tenha foco no que tem de fazer, fé que vai conseguir e força para renovar a fé.

Outra dica muito importante é olhar para dentro de si e fazer uma forma de meditação. Feche os olhos, respire devagar e entenda o momento que está vivendo, questione-se. Pergunte o porquê de sentimentos, entenda porque está ansioso, triste e sem motivação. Compreenda que o que você quer tem momento certo, que os objetivos mais difíceis exigem mais de diversos fatores que devem mudar. Sempre olhe para o benefício, para o lado positivo dos acontecimentos em sua vida, por mais difíceis que sejam, porque pode ser que não conquiste hoje, mas, se continuar a pensar positivo, o momento estará preparado no futuro para que conquiste o almejado sucesso.

Quando focamos um objetivo que aparentemente é impossível, não pense que este caminho será fácil.

Diversas vezes as pessoas te desencorajarão, darão risadas de você e até insultos poderá escutar.

Mas quem acredita em seu sonho tem fé. Com perseverança e muita luta incansável alcançará o que deseja.

Não se importe com a data que vai alcançar, o importante é seu objetivo ser concluído. Mesmo que tenha colocado data para ser atingido, lembre-se: tudo tem sua hora para acontecer.

Não se importe com a turbulência em sua vida, sempre existe a calmaria depois.

Quem nasceu para lutar não pode fugir de nenhuma luta, mesmo parecendo impossível, devemos lutar. Se perdermos, devemos sempre tentar novamente. A probabilidade de vitória aumenta a cada nova tentativa. Nós nascemos para lutar por algo melhor e merecemos, então lute por isso!

Espero que tenha sucesso em suas ações, você pode contar comigo.

Eu acredito em você.

Meus contatos estão em meu currículo, e você pode me contatar sempre que tiver uma dificuldade. Foi com o objetivo de ajudar as pessoas que escrevi este livro, então fique à vontade e deixe-me fazer parte de seu sucesso.

Boa sorte!

10

Coaching: curando nossa ancestralidade, curando nossos EUS Internos

"Quem, eventualmente, poeta não é, cria o quê? Se alguém não tem mesmo nada para criar, pode talvez criar a si mesmo". (C.G.Jung)

Wilma A. Nubiato Santesso

Wilma A. Nubiato Santesso

Palestrante, escritora, professora e psicóloga pela Universidade Paulista. Licenciatura em Pedagogia. Faculdade de Educação, Ciências e Letras de Uberlândia. Habilitação em Supervisão Escolar de 1º Grau. Pós-Graduação – Lato Sensu – Especialização em Terapia Comportamental e Cognitiva: Teoria e Aplicação - Reciclagem Hospital Universitário. UNIP – Pós-Graduação – lato sensu - Especialização Arte Terapia. Curso de Aprimoramento em Oficina de Criatividade promovido pela USP. USP – Pós-Graduação – Lato Sensu – Especialização em Terapia Comportamental e Cognitiva: Teoria e aplicação. Coaching sistêmico com abordagem da PNL pelo Instituto Renascer de Hipnose. Hipnose e Hipniatria do Centro Médico de Ribeirão Preto - SP e da Sociedade Brasileira de Hipnose e Hipniatria. Hipnoterapia Ericksoniana- Sofia Bauer, neurofisiologia do trauma- Gastão Ribeiro treinamento avançado em Hipnose Ericksoniana. Atua como psicoterapeuta – Terapia Cognitiva Comportamental, Hipnose, Constelações Familiares, TVP, Psicologia Positiva. Realiza Oficina de Criatividade em Asilos.

Contatos
www.psicovia.com.br
wilma.nubiato@yahoo.com.br
(11) 3816-1137

O encontro

As diversas manifestações da criança interior, muitas vezes ingerida nos conteúdos psíquicos de grande carga emocional. Quando essas manifestações impedem a expansão e o desenvolvimento da personalidade, significa que necessitam ser conscientizadas para que haja a possibilidade de uma mudança, uma transformação na maneira como a pessoa se vê e vê o mundo.

De acordo com Hillman, "uma imagem não é aquilo que se vê, mas a maneira como se vê" (1995, p. 28). Cada pessoa só pode ver o mundo com seus próprios olhos, com seus desejos, com seus sentimentos, enfim com sua forma particular de ser. O que significa que cada ser humano vê com os olhos de suas imagens internas. O indivíduo, ao construir sua história, vai construindo suas imagens internas particulares. As experiências vividas vão constelando os arquétipos correspondentes a essa experienciação.

Assim, sua história pessoal (individual) vai se ligando ao coletivo. A possível causa e a possível origem das impressões internas podem até ser identificadas, mas o mais importante é a tomada de consciência pela pessoa de que seu funcionamento necessita ser modificado por não estar favorecendo o desenvolvimento e/ou o surgimento de suas potencialidades. Portanto, o importante é buscar a integração da pessoa em sua totalidade e o que pode movimentar seus conteúdos emocionais para que possa ocorrer uma expansão de sua consciência e, consequentemente, uma mudança diante da vida.

O encontro tem como finalidade possibilitar à pessoa adulta o reconhecimento da existência de sua criança interior – tanto como portadora de sua história pessoal quanto como portadora da energia de novos começos, tão necessária ao desenvolvimento de suas sementes –; além de propiciar melhor integração de conteúdos internos desorganizados, por meio da linguagem simbólica – diálogo da pessoa adulta com a representação simbólica de sua criança interior.

São os padrões internalizados que continuam atuando na pessoa adulta e vão impedindo seu desenvolvimento. Os padrões se fazem presentes pelas manifestações.

Mariana Viktor disse que todos nós – incluindo você – temos vários "eus". E não me refiro a máscaras, não. Os "eus" de que falo estão mais para o poema de Walt Whitman:

Contradigo a mim mesmo?
Muito bem, então contradigo-me.
Sou vasto.
Contenho multidões...

Existem o "eu" que faz muito bem alguma coisa... e o "eu" que não leva o menor jeito para outra. O "eu" que diz não ter preconceito e aquele que julga precipitadamente, sem se dar conta do que acabou de fazer. Há o "eu" que fala muito bem em público e convive com o "eu" que se perde em uma conversa íntima. O "eu" que é fantástico na teoria e o que se acha incapaz na prática, e vice-versa. Tem o "eu" generoso com os outros, mas que é mesquinho consigo mesmo. O "eu" que morre de medo de perder um emprego nada a ver por achar que não conseguirá outro melhor e o "eu" que sabe que é bom à beça no que faz e que fracassar é apenas desistir. Há o "eu" socialmente simpático e o "eu" que é ranzinza com as pessoas mais próximas.

O fato é que todos esses "eus" vivem juntos dentro de você. O problema é que eles acabam batendo boca e criando diálogos mentais sabotadores que mais parecem tortura.

A palavra persona, do latim, significa "máscara" e representa a forma como nos apresentamos ou somos levados a nos apresentar à sociedade. Assim, possui relações com nosso Ego Ideal e nem sempre corresponde com nossa identidade real (Magalhães, 1984). Segundo Jung,

[...] como seu nome revela, ela é uma simples máscara da psique coletiva, máscara que aparenta uma individualidade, procurando convencer aos outros e a si mesma que é uma individualidade, quando, na realidade, não passa de um papel, no qual fala a psique coletiva. (1985, p. 32)

A máscara é expressa por nossos títulos, ocupações, papéis, nomes que são necessários e dizem respeito a nós mesmos, no entanto não em um nível mais profundo. A identificação extrema do indivíduo com esses conteúdos ou ainda com os complexos constelados pode levá-lo ao que Jung (1986) chamou de Inflação.

Outro arquétipo com que deparamos é o da Sombra. Ela expressa tendências e impulsos que podem ser positivos ou negativos e que negamos em nós mesmos. Geralmente são defeitos e impulsos que não aceitamos como nossos e, portanto, os projetamos em outras pessoas (Jung, 1986).

"Portanto, seja qual for a forma que tome, a função da sombra é representar o lado contrário do ego e encarnar, precisamente, os traços de caráter que mais detestamos nos outros" (Von Franz, 1964, p. 173). Por isso, ela pode conter forças vitais positivas que devemos elaborar e assimilar em vez de reprimir.

O passo para a elaboração desses eus que nos sabotam, e que vêm com grandes pensamentos sabotadores que adquirimos no nosso meio, no primeiro momento no micro e depois no macro, nos leva muitas vezes a ficar emperrados na carreira, no trabalho, nos negócios, enfim em várias outras possibilidades diante da vida.

Persona serviu para significar o mesmo que a palavra grega prósopon: máscara e personagem.

A persona serve também como proteção contra nossas características internas que achamos nos desabonar e, portanto, queremos esconder.

Como a psique possui uma dinâmica de compensação energética entre seus conteúdos, podemos entender que, em uma supervalorização da persona, haverá, internamente, uma forte tendência à compensação por meio de outros arquétipos. São eles: sombra e anima/animus.

Sendo a persona a face externa da psique, a face interna a formar o equilíbrio são os arquétipos de anima e animus. O arquétipo da anima constitui o lado feminino no homem, e o do animus, o lado masculino na psique da mulher. Ambos os sexos possuem aspectos do sexo oposto, não só biologicamente, por causa dos hormônios e genes, mas também psicologicamente pelos sentimentos e pelas atitudes.

Nossa persona é a forma como nos apresentamos ao mundo, é o caráter que assumimos. Por meio dela, nós nos relacionamos com os outros. A persona inclui nossos papéis sociais, o tipo de roupa que escolhemos para usar e nosso estilo de expressão pessoal. O termo persona é derivado da palavra latina equivalente à máscara. As palavras "pessoa" e "personalidade" também estão relacionadas ao termo persona.

A persona tem aspectos tanto positivos quanto negativos. Jung chamou também a persona de "arquétipo da conformidade". Entretanto, a persona não é totalmente negativa. Ela serve para proteger o ego e a psique das diversas forças e atitudes sociais que nos invadem. É também um instrumento precioso para a comunicação. Ela pode desempenhar, com frequência, um papel importante em nosso desenvolvimento positivo. À medida que começamos a agir de determinada maneira, a desempenhar um papel, nosso ego se altera gradualmente nessa direção.

Mas persona passou a significar máscara e personagem não por traduzir gramatical e semanticamente para o latim a acepção original da palavra grega prósopon: máscara, mas por significar e nomear o ato ou o efeito de o ator, mediante uma abertura na máscara no entorno da boca, impostar e representar pelo som [per + sona] de sua voz um personagem.

Remonta-se o uso e o significado da palavra prósopon ao ilustre poeta grego Homero [850 a.C.], em sua célebre epopeia Odisseia (18, 192). Estudos apontam certa relação entre a palavra etrusca fersu, que significava máscara, já encontrada escrita num monumento da Antiguidade clássica, e a palavra grega prósopon.

Cada máscara é um livro de magia aberto que fascina, que suscita a curiosidade, pois nos convida a decifrar capítulo a capítulo a mensagem revelada.

Podemos dizer que a função universal das máscaras é mascarar, cobrir o rosto para que o outro não seja reconhecido. Também possui a função de modificadora da voz humana, com o intuito de não denunciar a condição do mascarado, assegurando-lhe sua origem sobrenatural.

O possuidor da máscara se une à energia extra-humana que enche o Universo. Ele se põe em contato com forças misteriosas que o regem e é nesse momento que extrai a capacidade de modificar a realidade humana e de fazê-la fluir em seu próprio benefício. Em outras palavras, o mascarado se apropria desse momento naturalmente mágico para fazer valer seu papel de mensageiro.

É por meio da nova personalidade parcialmente humana que assume ao pôr a máscara que ele poderá se comunicar com seus antepassados, com as figuras simbólicas de sua tradição, pois a máscara confere autoridade, autentica, legitima o ato ritualizado, também reafirma o indivíduo, sua tradição como agente articulador e, principalmente, comunicador.

A metamorfose do homem por meio da máscara é solicitada por seus companheiros de grupo, que, como ele, crê nessa possibilidade de participação e exploração do mundo sobrenatural, numa espécie de hipnose coletiva. E é exatamente nesse momento que todos ficam em torno da máscara, pois ela representa o "médium", é ela que vai fazer a ligação entre sobrenatural e humano. Ela fala, como disse acima, uma língua complexa e simbólica que só poderá ser interpretada pelos iniciados, que, por profundo conhecimento e experiência, estarão em condições de traduzir em palavras humanamente compreensíveis a mensagem que ela quer transmitir.

Trabalhando em grupo ou individualmente com a meditação e com a arte, podemos ressignificar todos esses processos que nos intimidam diante da vida para dar o primeiro passo rumo a nossa liberdade de escolha, mediante algo que não está dando certo em nossa vida. Elas exercem uma ação propiciatória ao trazer forças vitais benéficas... Elas desempenham um papel essencial no restabelecimento da ordem social. Elas representam os ancestrais.

Carl Gustav Jung, grande pensador do século XX, formularia sua teoria da persona, do latim personare – máscara. Para ele, a persona consiste na forma com a qual nos apresentamos socialmente, é o caráter que assumimos quando nos relacionamos com os outros. Ou seja, é a máscara que assumimos para interpretar nosso papel na sociedade.

As máscaras que usamos são as maneiras como nossa personalidade se apresenta ao meio em que convive e para o mundo no qual existe e se relaciona. Jung denominaria figura como anima, pois, quando usamos as máscaras, estamos sempre nos identificando com nossa anima, ou nosso inconsciente.

A persona, segundo Jung, é a máscara de adaptação social, necessária ao indivíduo, desde que ele não se identifique com ela.

O que importa é a consciência de que elas representam faces da personalidade que vêm da nossa Alma, como partes do todo que somos. Não se trata de eliminar as máscaras, mas de aprender a conviver com elas, até que um dia não tenhamos mais necessidade disso. Dessa convivência decorrem nosso desenvolvimento intelectual, psíquico-emocional, moral e espiritual, traduzindo nossa atuação de ser no mundo, o que nos dá uma identidade.

Esse caráter mediador das máscaras constitui-se de bastões em que nos apoiamos para dar conta do nosso modo de ser. São alavancas quando podemos mostrar um pouco mais da nossa essência interior em atitudes e são margens, dando-nos a noção dos nossos limites e competências.

Esse "caminhar mascarado" nos conduz na trajetória rumo à plenitude espiritual. Identificar-se com a anima (Alma para Jung) significa ser uma pessoa voltada inteiramente para dentro de si mesma, tornando-se egoísta, individualista ou autocentrada, o que não permite uma relação com o mundo nem com as pessoas, porque está em contato apenas consigo mesma.

Diante da complexidade da vida, é impossível encontrar uma única forma que dê conta de toda essa realidade. Entretanto, sabe-se que há instâncias que, sendo universais, nos orientam na compreensão do ser humano como indivíduo e como grupo.

O trabalho com máscaras busca, de forma generosa, reconhecer personagens internos, dialogar com os múltiplos aspectos esquecidos de nossa personalidade e, desde um silêncio interior, chegar ao mais profundo e arcaico de nós mesmos. Busca também resgatar nossa história pessoal e coletiva, identificar os estereótipos exigidos em cada época que ofuscam o caminho para a individuação.

É um convite a despojar-nos dos adornos, contatar com as máscaras que nos rodeiam e constituem, a fim de encontrar o sagrado dentro de nós, e permite fazer contato com o que espontaneamente permanecerá no domínio do invisível, mas, quando são dadas as condições adequadas, o *Self* colabora, e o arquétipo e o símbolo podem ser vividos e atualizados na experiência. Somente a partir daí começa a tensão entre aparência/realidade, ego/*self*, luz/sombra, etc.

A rede complexa, formada pelas histórias de vida, pela estrutura corporal e psíquica e pelas máscaras, aparece e atua fora e dentro do sujeito. Trabalha-se a máscara como atitude e como instrumento transformador no processo de individuação, nos diferentes planos da expressão e em um ensaio criativo permanente, invólucro das modalidades expressivas dos sentimentos e dos pensamentos dos quais o indivíduo é revestido na relação que mantém com seus conteúdos existentes na psique coletiva consciente ou inconscientemente (arquétipos), etc.

A máscara tem duas caras que se conectam, a externa e a interna, o paradoxal da estrutura da máscara, pois a mesma energia que dirige o olhar para fora também oportuniza o olhar para dentro do pátio interno.

A máscara nos permite conectar com o mais primitivo, com outras histórias, com outros mitos. Como nada está separado de nada, percebe-se a conexão com a Sombra. Ela nos sinaliza o caminho escolhido, mostrando o limite, o território possível. Portanto, as máscaras nos servem como caminho no sentido do encontro com o *Self*, uma vez que nos brindam com seu lado interior, a "sombra".

Trabalhar com máscaras implica construção e desconstrução permanente da identidade na direção da individuação. Elas não só ocultam mas também revelam personagens que estiveram fora de cena por algum tempo ou desde sempre, esquecidos, abandonados, rejeitados, os quais podem aflorar como potencialidades, como face da alma no sentido do *Self*.

Persona é metáfora de máscara. Pela persona chega-se ao não dito, que adquire expressão e voz.

Durante as atividades, podemos observar num primeiro momento que o indivíduo relaciona-se com as máscaras de forma caótica, brincalhona, espontânea, burlesca, divertida e festiva, lembrando as festas dionisíacas envolvidas pelo mistério, pela sedução e pelo gozo. Não deixa de ter sua lógica própria.

Em um segundo momento, como num cansaço próprio de final de festa, a alegria cede lugar a uma expressão reflexiva e silenciosa. É como se o caótico elaborasse uma pergunta: E agora o quê? O que eu faço com isso?

Instaura-se a experiência do vazio, do sem sentido. O enigma se coloca. É no silêncio da experiência do vazio que é possível o contato com o drama, com a tragédia existencial.

Despojamento, desnudar-se, desmascaramento do ego, esse é o

desafio implícito. Tomar nas mãos a própria máscara, encará-la, dialogar com ela e com as demais máscaras do grupo (que também são nossas) é um ato de humildade, exige uma prostração do ego, o que não é fácil, uma vez que ele não está preparado para escutar o que a sombra tem a dizer. Quem entra em cena é a "sombra", cujo destino é o *Self*.

O trabalho com máscaras permite descobrir que a cada máscara que se apresenta conscientemente outras tantas ocupam seu lugar no território do inconsciente. Formam a princípio um conflito quase insuperável, mas depois é percebido como um Panteão de seres sagrados, com sentido, que merecem no mínimo ser respeitados, isto é, trazidos no peito.

As máscaras e o corpo são pontes entre o mundo externo e interno; conhecido e desconhecido; entre o eu e o outro; indivíduo e social.

Como as outras instâncias psíquicas, a persona tem o caráter de algo "já dado" desde as primeiras experiências infantis na família, segundo Jung (2002, p. 378).

Jung admite que não se trata de libertar-se da condição em que se encontra, mas, mediante a consciência de tal situação, o que se coloca é a passagem de um estado de passividade inconsciente do eu para um estado de atividade consciente do eu (2002, p. 378).

Não existe a máscara em si, independentemente de um sujeito de carne e osso e de suas relações sociais. Tomar consciência da existência dessa figura como parte de nossa identidade é restituir à máscara sua autêntica face. É nesse aspecto que ela esconde e também revela. Máscara é parte da psique e objeto da cultura.

Aceitar conviver com o outro de nós mesmos significa aceitar o semelhante de nós mesmos. O outro em nós é a alteridade, o *Self*, é a essência, é o divino. O desconhecimento dele nos adoece, o descobrimento nos salva.

Trabalhar com máscara é permitir viver no silêncio de uma atmosfera insólita, indizível, em que ninguém é poupado, pois somos todos transpassados pelo mistério, pelo vazio e pela desconstrução.

Podemos fazer uma encenação em que criamos um espaço colocando as máscaras e fazemos movimento corporal ou colocamos um personagem e encenamos. No final, todos conversam sobre as sensações e os sentimentos com relação a cada personagem elaborado do que foi vivenciado. Outro é que pode ser escolhido outra máscara sem ser a sua.

Sobre esse trabalho, Freitas comenta que, por meio dos jogos dramáticos, podemos utilizar diferentes formas de expressão, criando aspectos do *Self*. Nessa atividade podemos observar que as pessoas se sentem protegidas e escondidas atrás da máscara, e outras se sentem expostas. Coisas da sombra... e da persona. E do ego... Coisas do ser humano (1990, p. 89).

Segundo Pinna, ao confeccionar nossa máscara, concretizamos um nascimento e uma morte simultâneos; alguns desses aspectos banidos ou não reconhecidos de nossa psique podem ser então resgatados, tornando-se muitas vezes nossos aliados, pois podemos dar voz, cor, forma, substância, movimento, uma história, nos abrimos a um diálogo interno em que somos interlocutores de nós mesmos, exercendo e exercitando a alteridade, abrindo espaço para a troca fértil e fecunda com nossos outros, que são também nossos eus, dentro e fora de nós – reconhecendo nossa condição de incompletude (como ego dependente e destacado da totalidade). Assim, vivenciamos nossos mundos parciais para poder nos reintegrar no coração do Universo, como centelhas de luz que compõem as constelações, possuidores de mitologias pessoais que interconectam com a eternidade, com as mitologias cosmológicas (Bernardo, 2004).

A máscara traz à tona a questão dos outros de nós, que nos habitam, mas em zonas limítrofes, marginais a nossa consciência, ou nas sombras, nos umbrais e nas florestas de nosso *Self*, muitas vezes expostos e em estado selvagem, órfãos, estrangeiros de nós, excluídos em nome de nossa sociabilidade e adaptação, desconhecidos, ou então esplendorosamente outros que não reconhecemos como compatriotas, pois ignoramos nossas origens divinas, desconhecendo a atuação em nós de forças que nos transcendem, de um eu que é o outro ao mesmo tempo.

Outras manifestações são o desânimo por tudo, o excesso de insegurança, inflexibilidade diante de pontos de vista diferentes dos próprios, reações intempestivas, opiniões baseadas em suposições, excessivo retraimento e muitas outras manifestações que se mostram contrárias à evolução da pessoa adulta. Por conseguinte, as manifestações se fazem presentes por meio das emoções, "como ansiedade, depressão, raiva, impotência, ou em sintomas físicos". (Sullwod apud Abrams, 1999, p. 26).

Meditação:

Faça respiração profunda, liberando todo o estresse do dia.

Faça três vezes uma respiração profunda.

Agora, feche os olhos e centre em seu coração.

Relaxe seu corpo.

Pense em sua ancestralidade, visualize uma escada em que de um lado está a ancestralidade de seu pai e do outro, a de sua mãe.

Imagine agora uma luz violeta saindo de seu coração e conectando-se à luz violeta que sai do coração de cada um, formando uma grande esfera de luz violeta.

Essa ativação leva à transmutação de seus karmas, que são relacionados à ancestralidade masculina de toda a vida dos antepassados. É chegado o momento de enviar luz para que isso seja realizado. É momento de despertar em você a consciência desse novo tempo solar divino. É a libertação do apego, das amarras, das mágoas, das culpas, dos contratos feitos desses antepassados que bloqueiam seu potencial criador, impedindo-o de adentrar seu ser perfeito.

Visualize a ancestralidade masculina de seu pai e de sua mãe. Envie do coração luz violeta ao coração daqueles que a constituem. Vibre essa luz em cada um deles nas duas ancestralidades, transmutando todas as energias até agora cristalizadas em seu coração. Sinta todas essas energias sendo transformadas, ressignificadas. Sinta seu coração unido a essa luz violeta. Veja em cada coração a luz dourada do Jardim Celeste envolvendo a todos e reproduzindo em cada um a luz do amor.

Essa é uma manifestação do Sistema Solar a todas as almas. Esse momento enfatiza essa limpeza do seu masculino, trazendo a essência do amor de cada um, a energia de nascimento e renascimento adentrando a ancestralidade e os registros mais antigos e profundo do que somos, levando a aura à limpeza de todos esses registros, libertando, liberando e abrindo seu caminho e dando-se oportunidade de ser pleno.

Em arteterapia, o paciente, ao percorrer o caminho, também vai construindo e reconstruindo sua história, por meio de suas próprias criações, nem sempre composta de partes alegres e amenas; as tristezas e as lágrimas, por vezes, se fazem presentes.

A história pessoal vai se imprimindo como um acervo vivo de

emoções, ao longo desse percurso, à medida que o paciente, em seu fazer arte, vai dando materialidade aos diversos recursos expressivos disponibilizados em cada trecho do caminho.

Podemos observar na atividade realizada que o indivíduo trouxe os eus que o incomodavam nesse momento por meio da meditação com sua ancestralidade, com o que esse símbolo significa na sua vida atual e com o que o incomodava para dar andamento a seus negócios. Estava faltando aterramento, sustentabilidade, colocar os pés no chão e colocar suas ideias e seus projetos em prática. O coaching nesse momento estrutura e coloca ordem para que o indivíduo reconheça onde suas crenças o estão impedindo de avançar na vida.

Por conseguinte, a arte existe desde sempre por ser fundamental para o crescimento do homem. Como quer que seja entendida, tem uma função extremamente importante e essencial para o desenvolvimento humano, podendo fazer integração de elementos conflitantes: impulso-controle, amor-acolhimento versus ódio-agressividade, sentimento-pensamento, fantasia-realidade, consciente-inconsciente, verbal-pré-verbal-não verbal.

A função da arte tem sido explicada dentro de diversas teorias, e todas elas reconhecem nela uma qualidade integrativa inerente, um poder de unir forças oponentes dentro da personalidade.

A arte favorece a reconciliação das necessidades do indivíduo com as demandas do mundo exterior e pode ser compreendida como a função psicológica da arte (Andrade, 2000, p. 34).

Importante fazer ver ao paciente que a ferida, sob o olhar do amor, pode ser uma possibilidade de motivação da cura.

Pois as feridas, "como o grão de areia é para a pérola, para nós elas podem conter uma fonte de motivação da cura – ou seja, aquilo que precisamos aprender a fim de atingir a plenitude desejada, permitindo-nos descobrir e oferecer ao mundo nosso tesouro particular e único" (Angwin, 1999, p. 122-123).

Portanto, aceitar o sofrimento e compreendê-lo é dar significado ao que acontece. Talvez o pior sofrimento seja não se enxergar, ao passo que o sofrimento consciente leva ao autoconhecimento.

E o coach contribui para o aprendizado e o amadurecimento emocional, a tomada de decisão, o planejamento de ação, a definição de tarefas e de estratégias de remoção de obstáculos, objetivando o acúmulo de experiências automotivadoras e a conquista da independência o mais cedo possível.

Todo ser humano tem suas necessidades básicas e precisa de suporte, interno e externo, para alcançar aquilo que considera ideal para seu desenvolvimento, como pessoa e como profissional.

Entretanto, nossas experiências de vida, muitas vezes, precisam ser entendidas e ressignificadas para que possamos alcançar nossa plenitude e os resultados almejados.

Vencer bloqueios, crenças limitantes, superar traumas, equilibrar emoções, mobilizar forças, direcionar motivações, ativar a resiliência é fundamental nesse processo de construção de objetivos duradouros.

Coaching e psicologia são duas metodologias eficazes como apoio no processo evolutivo dos indivíduos.

Todas as nossas conquistas são resultado de nossas escolhas e atitudes. Quando algo não está saindo como o esperado, é hora de parar, refletir e repensar nossas ações.

Referências

ANDRADE, Liomar Q. *Terapias expressivas.* São Paulo: Vetor, 2000.

FORDHAM, Frieda. *Introdução à psicologia de Jung.* São Paulo: Verbo, 1978

JUNG, Carl G. *Fundamentos de psicologia analítica.* Petrópolis: Vozes, 1985.

_____. *O desenvolvimento da personalidade.* Petrópolis: Vozes, 1986.

_____. *O eu e o inconsciente.* Petrópolis: Vozes, 1987.

_____. *Memórias, sonhos, reflexões.* Rio de Janeiro: Nova Fronteira, 1998.

_____. *Os arquétipos e o inconsciente.* Petrópolis: Vozes, 2006.

PHILIPPINI, Angela. *Mas o que é mesmo arte terapia?* v. 5. Rio de Janeiro: Clínica Pomar, 1998. (Coleção Imagens da Transformação)